© Schwager & Steinlein Verlag GmbH
Alle Rechte vorbehalten
Geschichten von Ingrid Pabst
Illustrationen von Anne Suess
www.schwager-steinlein-verlag.de
ISBN 3-89600-722-X

Tierkinder-
geschichten

Illustriert von Anne Suess

Schwager & Steinlein

Dieses Buch gehört

_____

_____

_____

Inhalt

Joschi und Tinka

Mama und Papa Bär wohnen in einer gemütlichen Bärenhöhle im Wald.

„Ist es nicht viel zu ruhig hier?", fragt Papa Bär.

„Warte nur ab", sagt Mama Bär. „Es dauert nicht mehr lange, dann sind wir eine Familie."

Im nächsten Frühling ist es so weit. Mama und Papa Bär bekommen Nachwuchs.

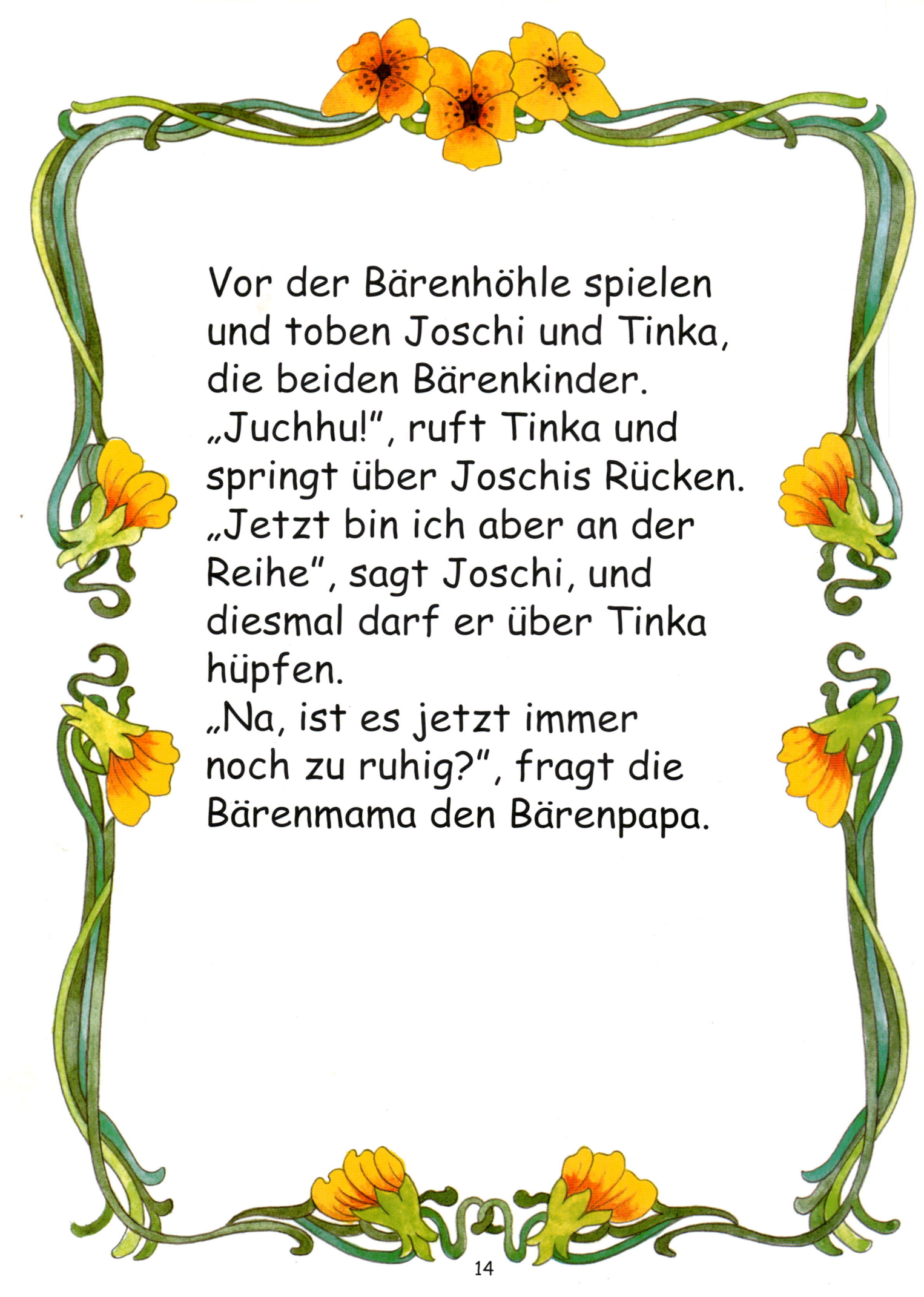

Vor der Bärenhöhle spielen
und toben Joschi und Tinka,
die beiden Bärenkinder.
„Juchhu!", ruft Tinka und
springt über Joschis Rücken.
„Jetzt bin ich aber an der
Reihe", sagt Joschi, und
diesmal darf er über Tinka
hüpfen.
„Na, ist es jetzt immer
noch zu ruhig?", fragt die
Bärenmama den Bärenpapa.

Als Joschi und Tinka schon
etwas älter geworden sind,
sagt Papa Bär eines Tages:
„Heute gehen wir Fische
fangen!"
In der Nähe ist ein Bach,
und dort zeigt Papa Bär den
beiden Kindern, wie man
es macht.
„Seht ihr, so geht es!", ruft
er und schnappt vergnügt
einen dicken Fisch.
„Ich auch, ich auch", ruft
Joschi, und Tinka staunt.

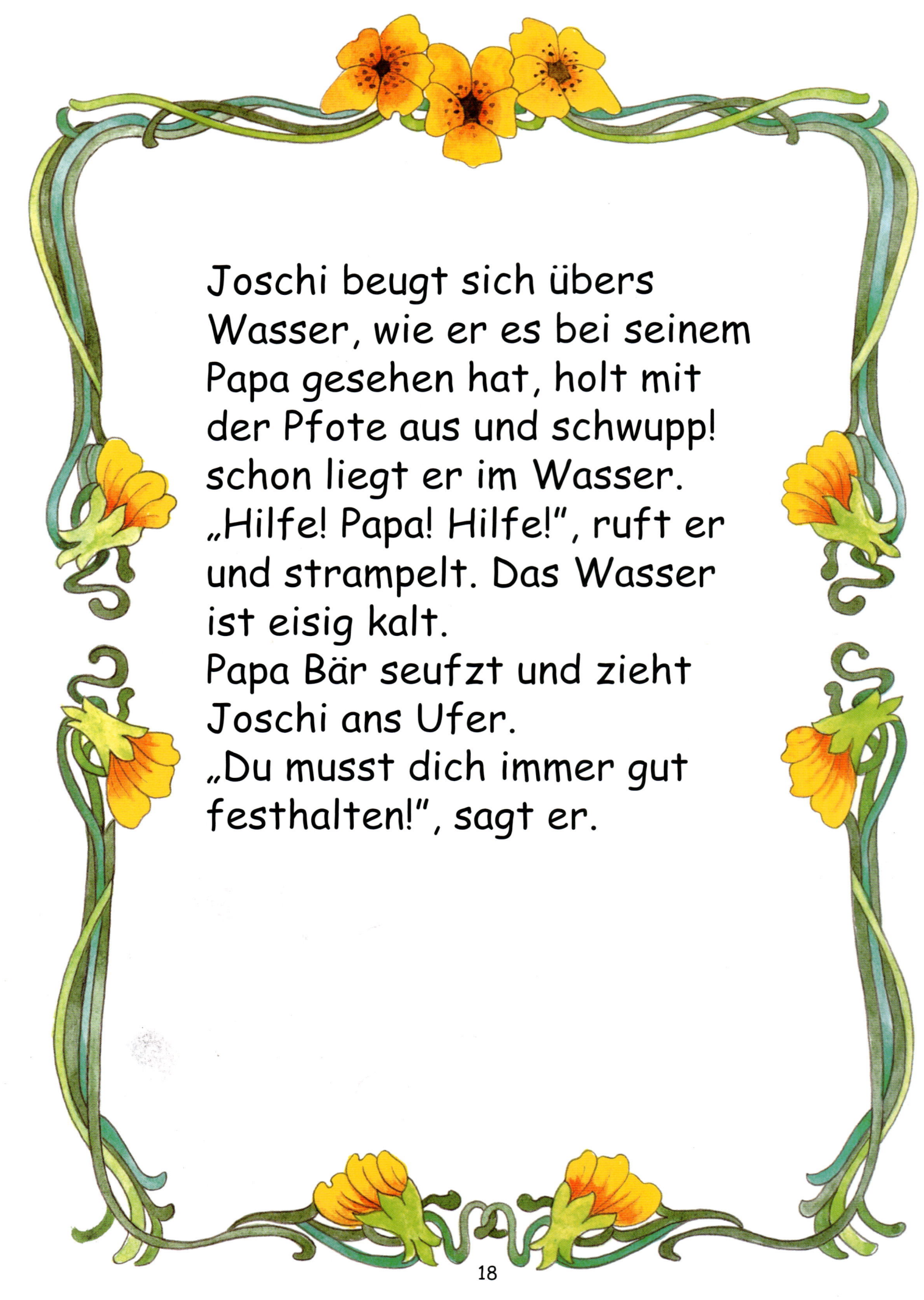

Joschi beugt sich übers Wasser, wie er es bei seinem Papa gesehen hat, holt mit der Pfote aus und schwupp! schon liegt er im Wasser.
„Hilfe! Papa! Hilfe!", ruft er und strampelt. Das Wasser ist eisig kalt.
Papa Bär seufzt und zieht Joschi ans Ufer.
„Du musst dich immer gut festhalten!", sagt er.

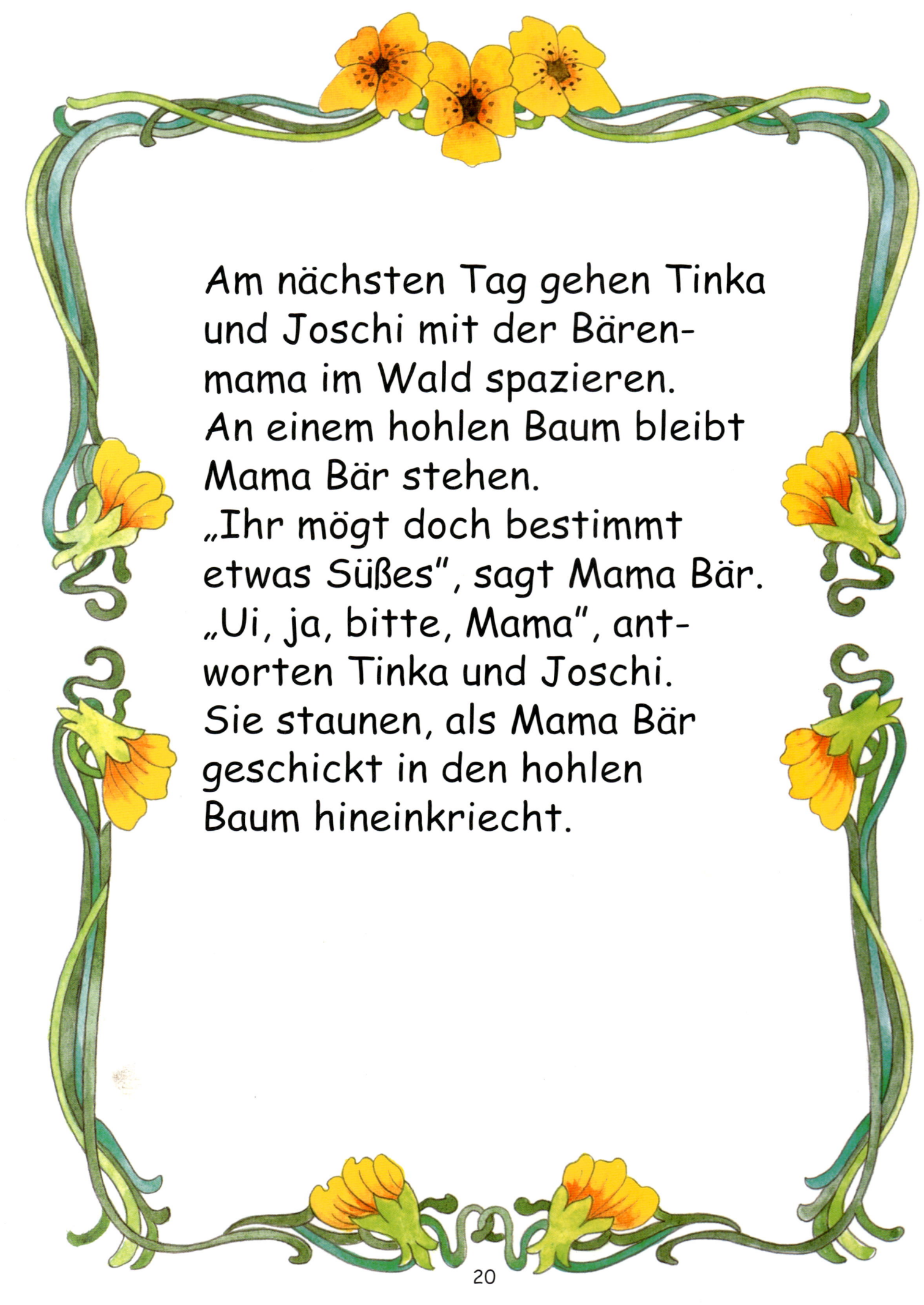

Am nächsten Tag gehen Tinka
und Joschi mit der Bären-
mama im Wald spazieren.
An einem hohlen Baum bleibt
Mama Bär stehen.
„Ihr mögt doch bestimmt
etwas Süßes", sagt Mama Bär.
„Ui, ja, bitte, Mama", ant-
worten Tinka und Joschi.
Sie staunen, als Mama Bär
geschickt in den hohlen
Baum hineinkriecht.

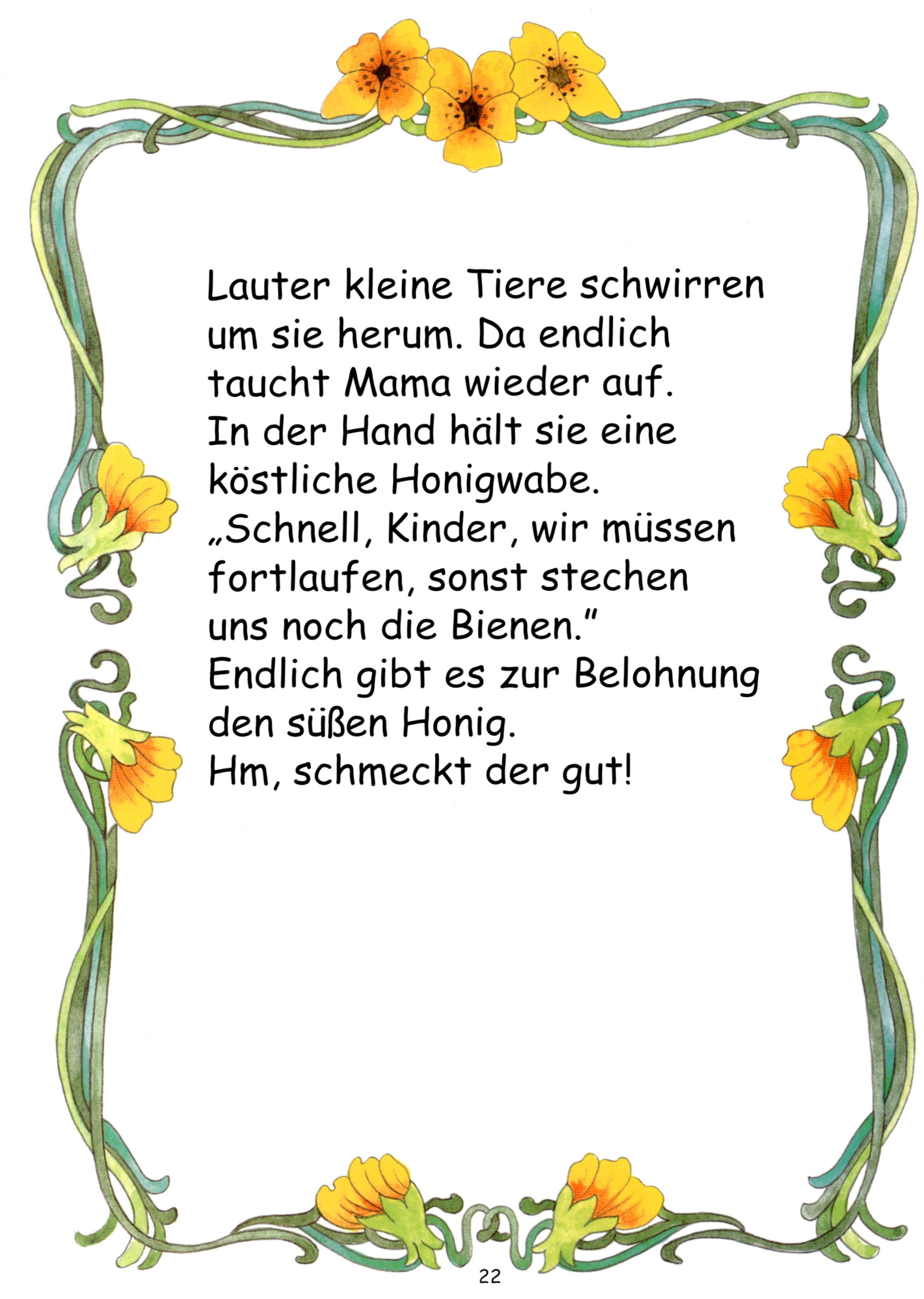

Lauter kleine Tiere schwirren
um sie herum. Da endlich
taucht Mama wieder auf.
In der Hand hält sie eine
köstliche Honigwabe.
„Schnell, Kinder, wir müssen
fortlaufen, sonst stechen
uns noch die Bienen."
Endlich gibt es zur Belohnung
den süßen Honig.
Hm, schmeckt der gut!

Eines Tages sind Joschi und
Tinka alleine unterwegs.
„Was ist denn das?"
Die beiden Bärenkinder
staunen, als sie ein Zelt und
viele Menschen erblicken.
„Komm, lass uns hingehen",
schlägt Joschi vor, doch
Tinka sind die Menschen
nicht geheuer. Sie sucht
lieber einen Platz, wo keine
Leute sind.

„Guck mal, was es hier alles gibt!", ruft sie, als sie wenig später einen Korb entdeckt. Glitzernde Dosen, Schachteln und buntes Papier gibt es dort.
Tinka probiert Limonade aus einer Flasche und Marmelade aus einem Glas.
„Tinka, du hast einen Schatz gefunden!", freut sich Joschi.

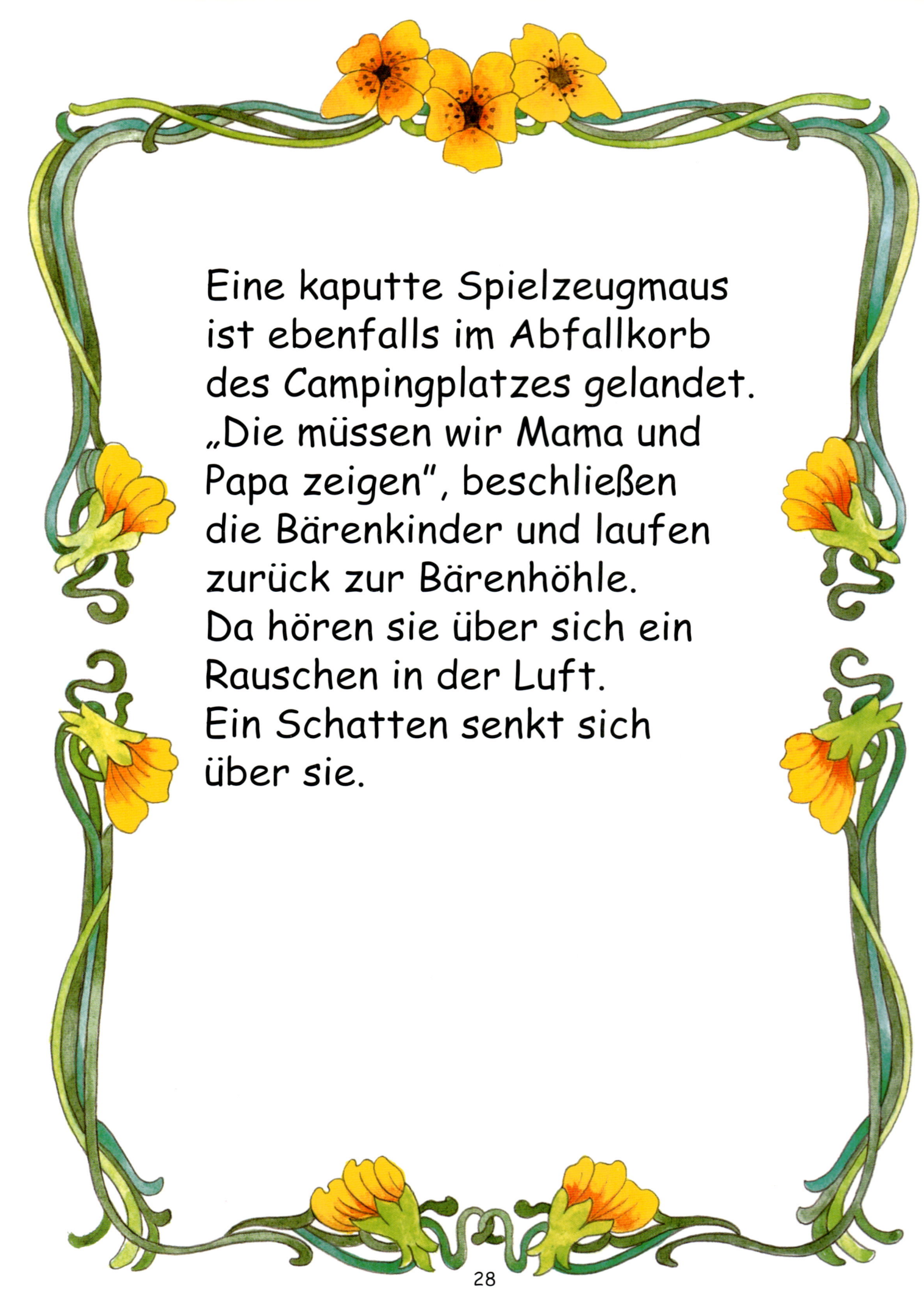

Eine kaputte Spielzeugmaus
ist ebenfalls im Abfallkorb
des Campingplatzes gelandet.
„Die müssen wir Mama und
Papa zeigen", beschließen
die Bärenkinder und laufen
zurück zur Bärenhöhle.
Da hören sie über sich ein
Rauschen in der Luft.
Ein Schatten senkt sich
über sie.

Schon hat der Adler Joschi
die Maus aus den Pfoten
gerissen. Vor lauter Schreck
purzeln die Bärenkinder rück-
wärts den Hang hinunter.
„He!", ruft Joschi entsetzt.
„Hilfe!", ruft Tinka. Dann
müssen beide lachen.
„Der Adler hat wohl gedacht,
es ist eine lebendige Maus!",
sagt Tinka.
„Na, der wird sich wundern",
erwidert Joschi.

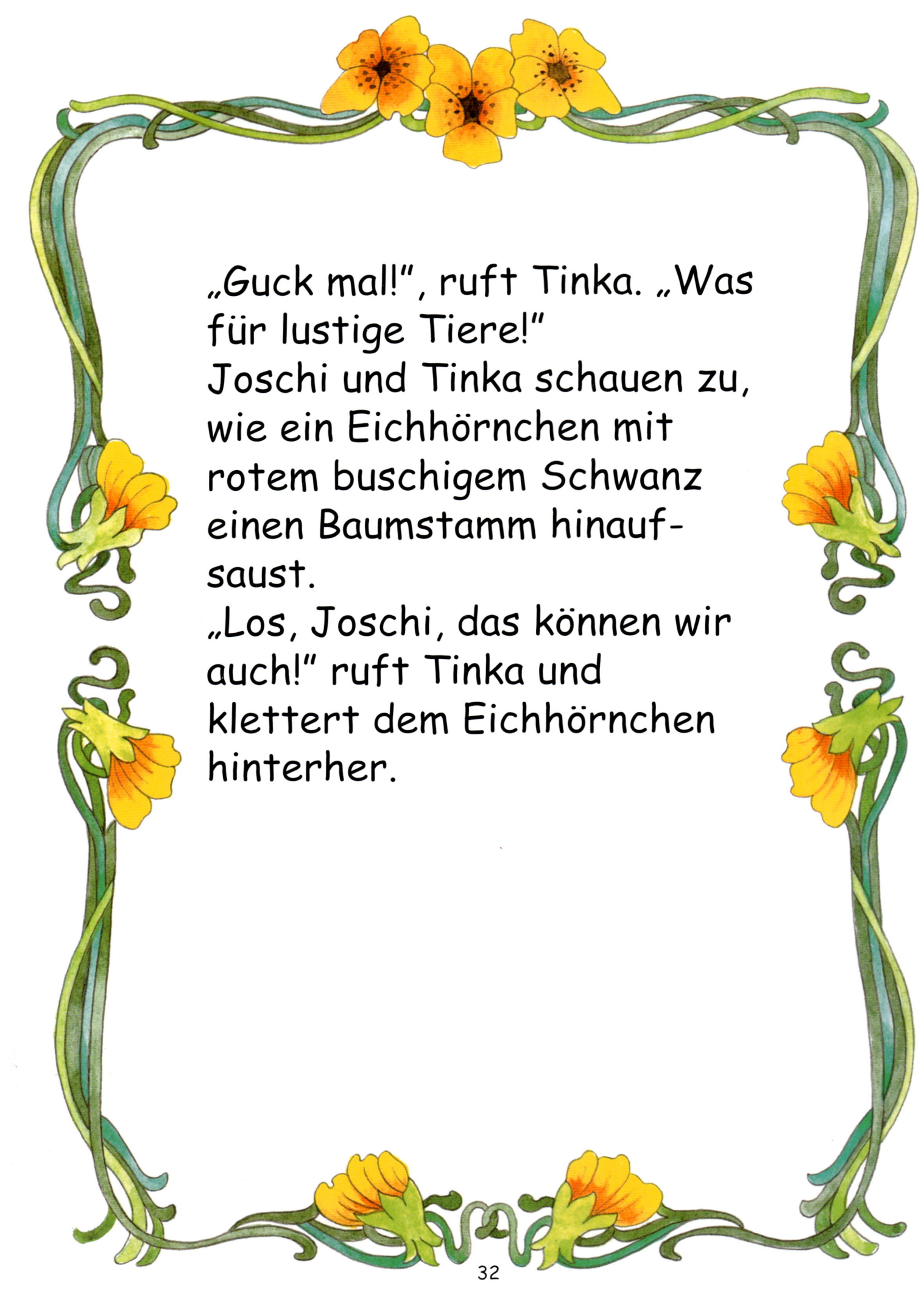

„Guck mal!", ruft Tinka. „Was für lustige Tiere!"
Joschi und Tinka schauen zu, wie ein Eichhörnchen mit rotem buschigem Schwanz einen Baumstamm hinaufsaust.
„Los, Joschi, das können wir auch!" ruft Tinka und klettert dem Eichhörnchen hinterher.

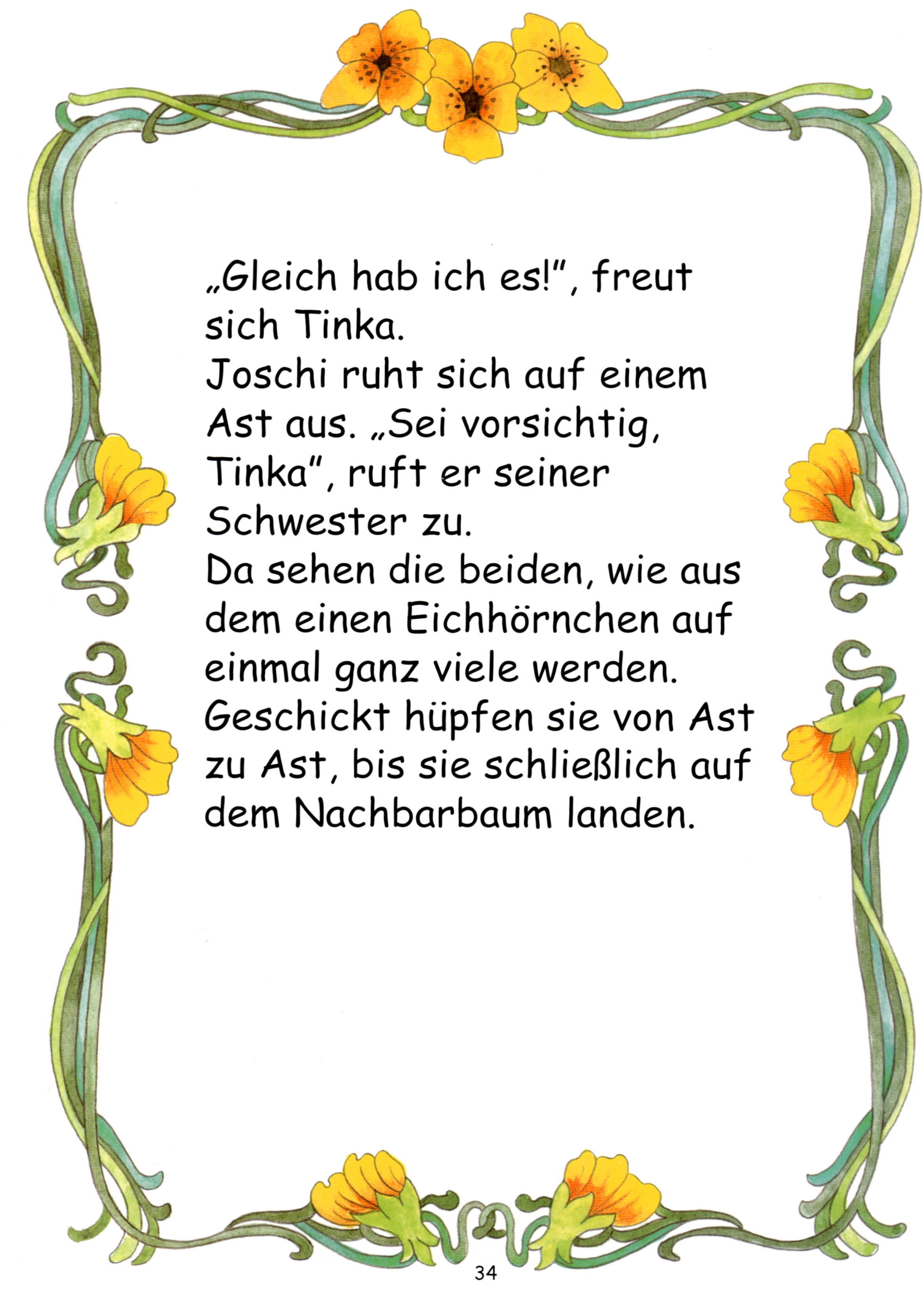

„Gleich hab ich es!", freut
sich Tinka.
Joschi ruht sich auf einem
Ast aus. „Sei vorsichtig,
Tinka", ruft er seiner
Schwester zu.
Da sehen die beiden, wie aus
dem einen Eichhörnchen auf
einmal ganz viele werden.
Geschickt hüpfen sie von Ast
zu Ast, bis sie schließlich auf
dem Nachbarbaum landen.

Zu Hause stehen Mama und Papa Bär vor der Höhle.
„Da ist ja meine Maus!", freut sich Joschi.
„So, so", sagt die Bärenmama mit strengem Blick. „Darf ich fragen, wo die Maus her-kommt? Seht ihr die Beule auf Papas Kopf?"
Der Adler hatte wohl doch bemerkt, dass es keine echte Maus war, und sie einfach fallen gelassen. Mitten auf Papa Bärs Kopf.

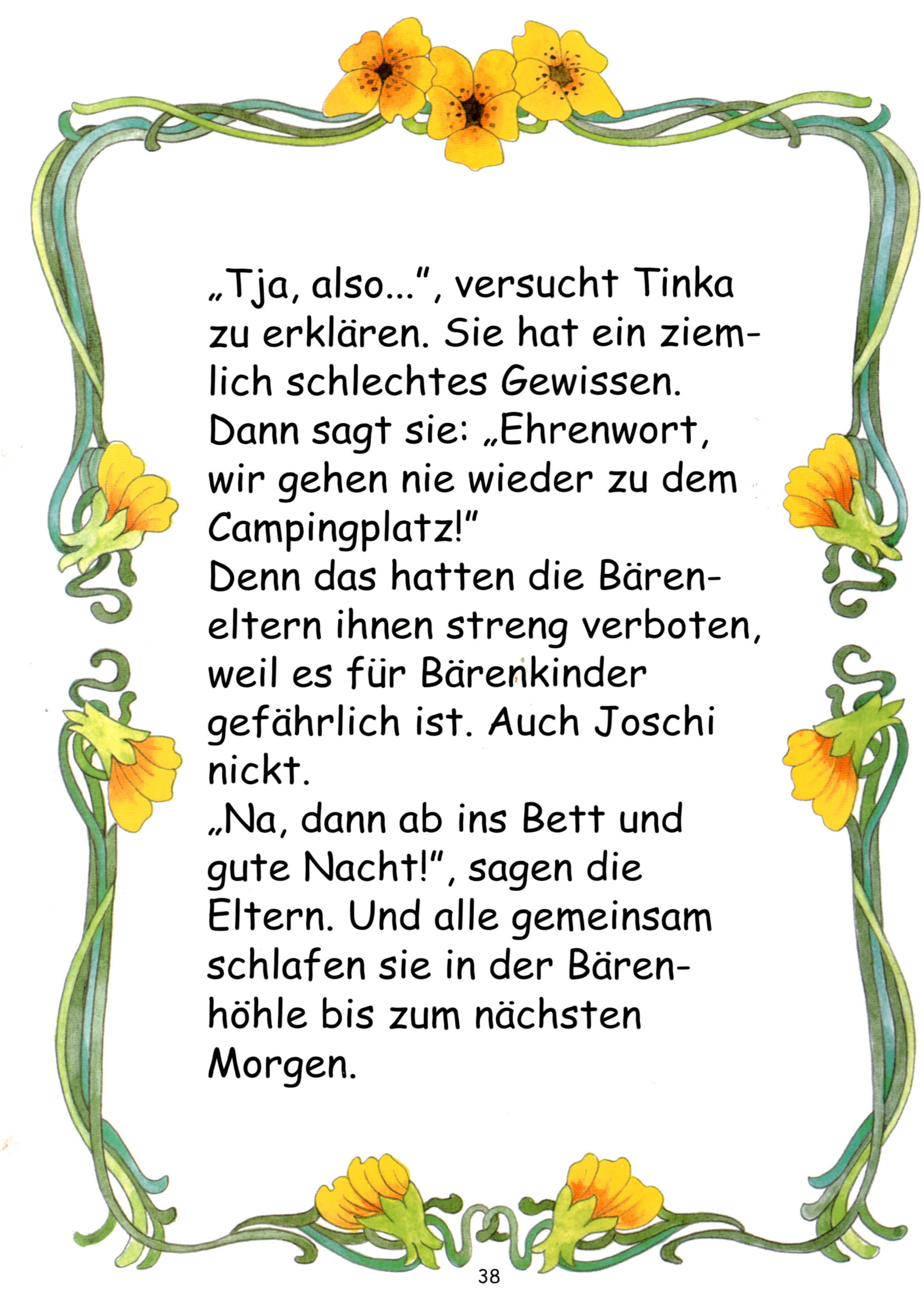

„Tja, also...", versucht Tinka
zu erklären. Sie hat ein ziemlich schlechtes Gewissen.
Dann sagt sie: „Ehrenwort,
wir gehen nie wieder zu dem
Campingplatz!"
Denn das hatten die Bären-
eltern ihnen streng verboten,
weil es für Bärenkinder
gefährlich ist. Auch Joschi
nickt.
„Na, dann ab ins Bett und
gute Nacht!", sagen die
Eltern. Und alle gemeinsam
schlafen sie in der Bärenhöhle bis zum nächsten
Morgen.

Flori,
der kleine Fuchs

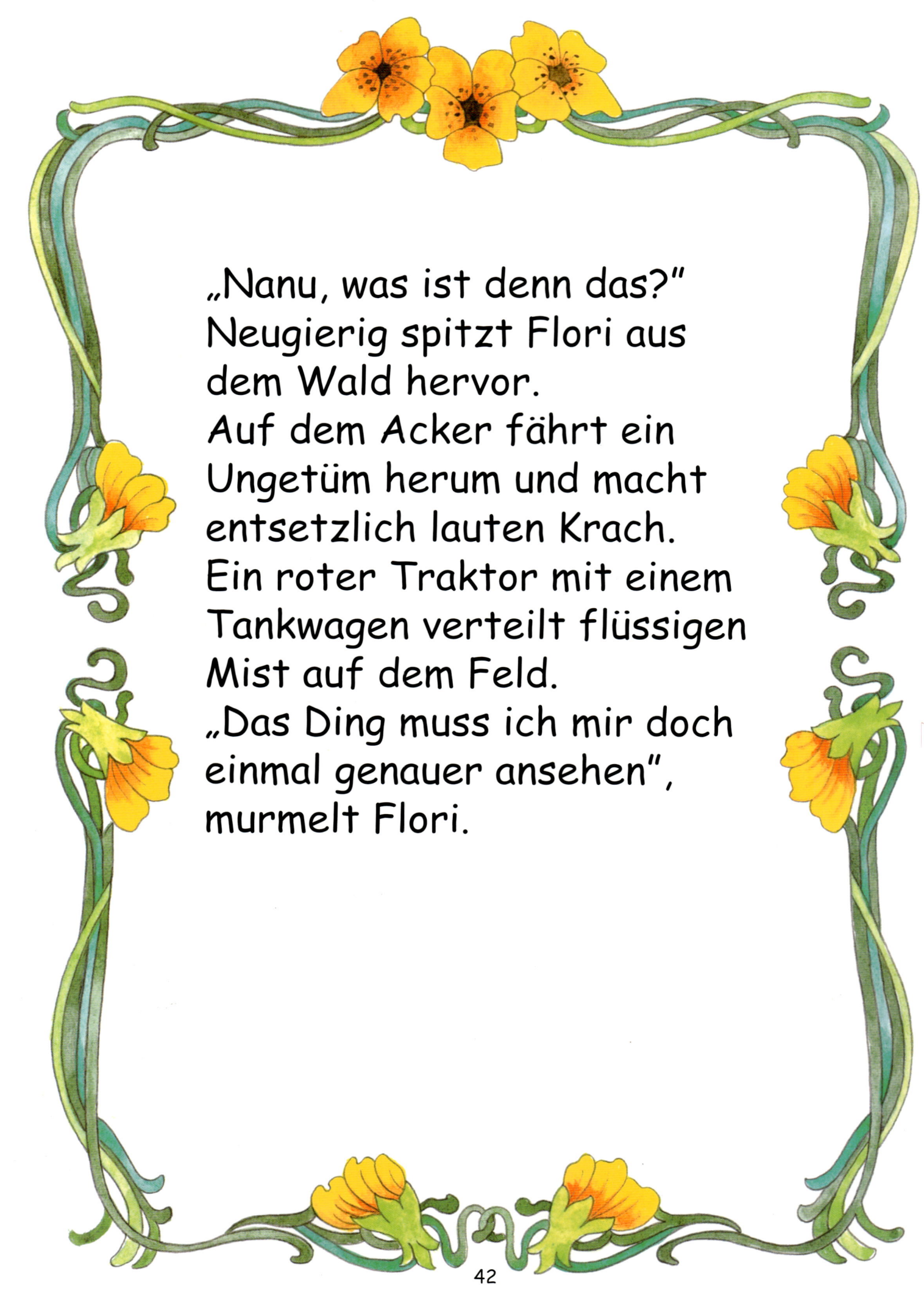

„Nanu, was ist denn das?"
Neugierig spitzt Flori aus
dem Wald hervor.
Auf dem Acker fährt ein
Ungetüm herum und macht
entsetzlich lauten Krach.
Ein roter Traktor mit einem
Tankwagen verteilt flüssigen
Mist auf dem Feld.
„Das Ding muss ich mir doch
einmal genauer ansehen",
murmelt Flori.

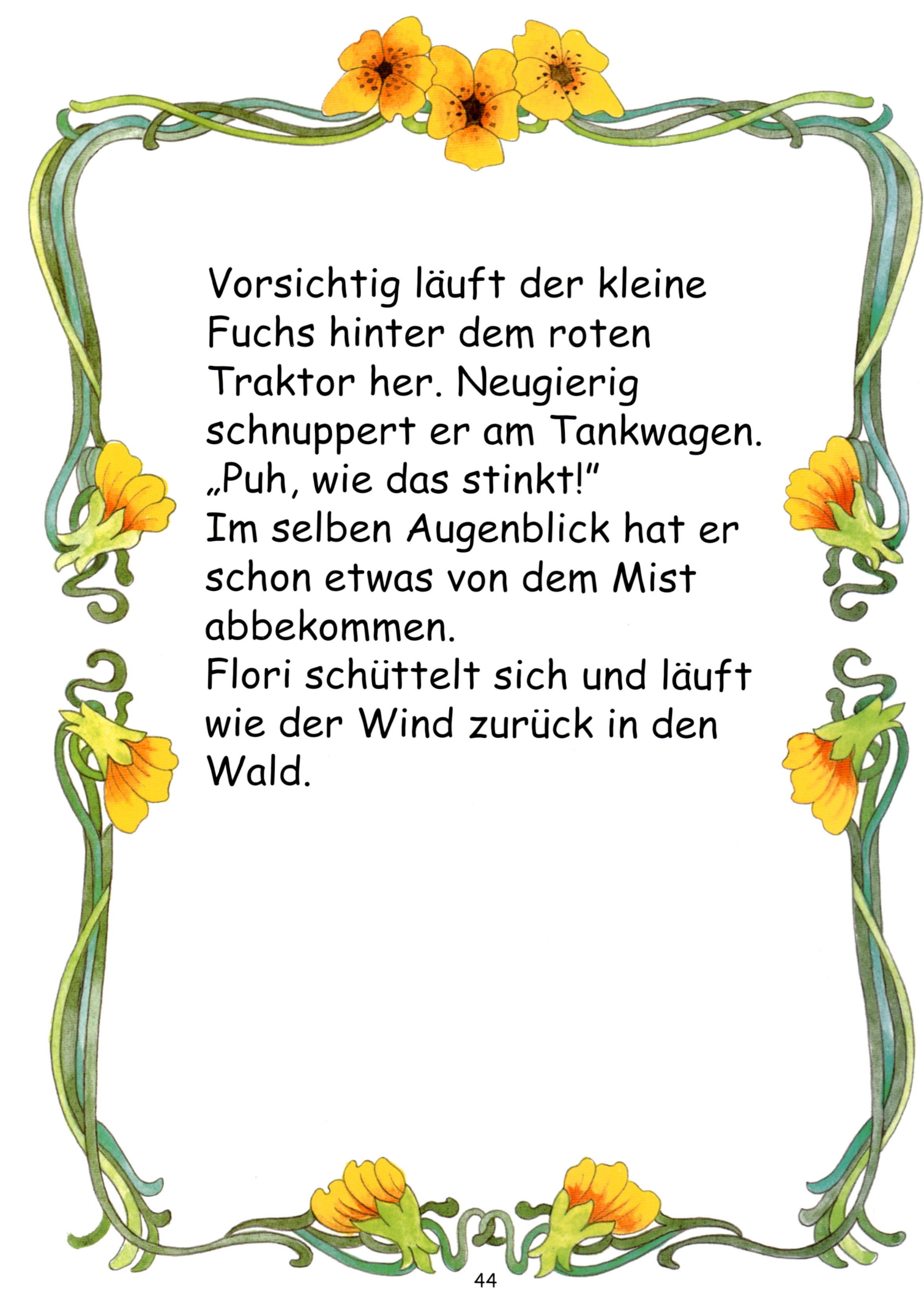

Vorsichtig läuft der kleine
Fuchs hinter dem roten
Traktor her. Neugierig
schnuppert er am Tankwagen.
„Puh, wie das stinkt!"
Im selben Augenblick hat er
schon etwas von dem Mist
abbekommen.
Flori schüttelt sich und läuft
wie der Wind zurück in den
Wald.

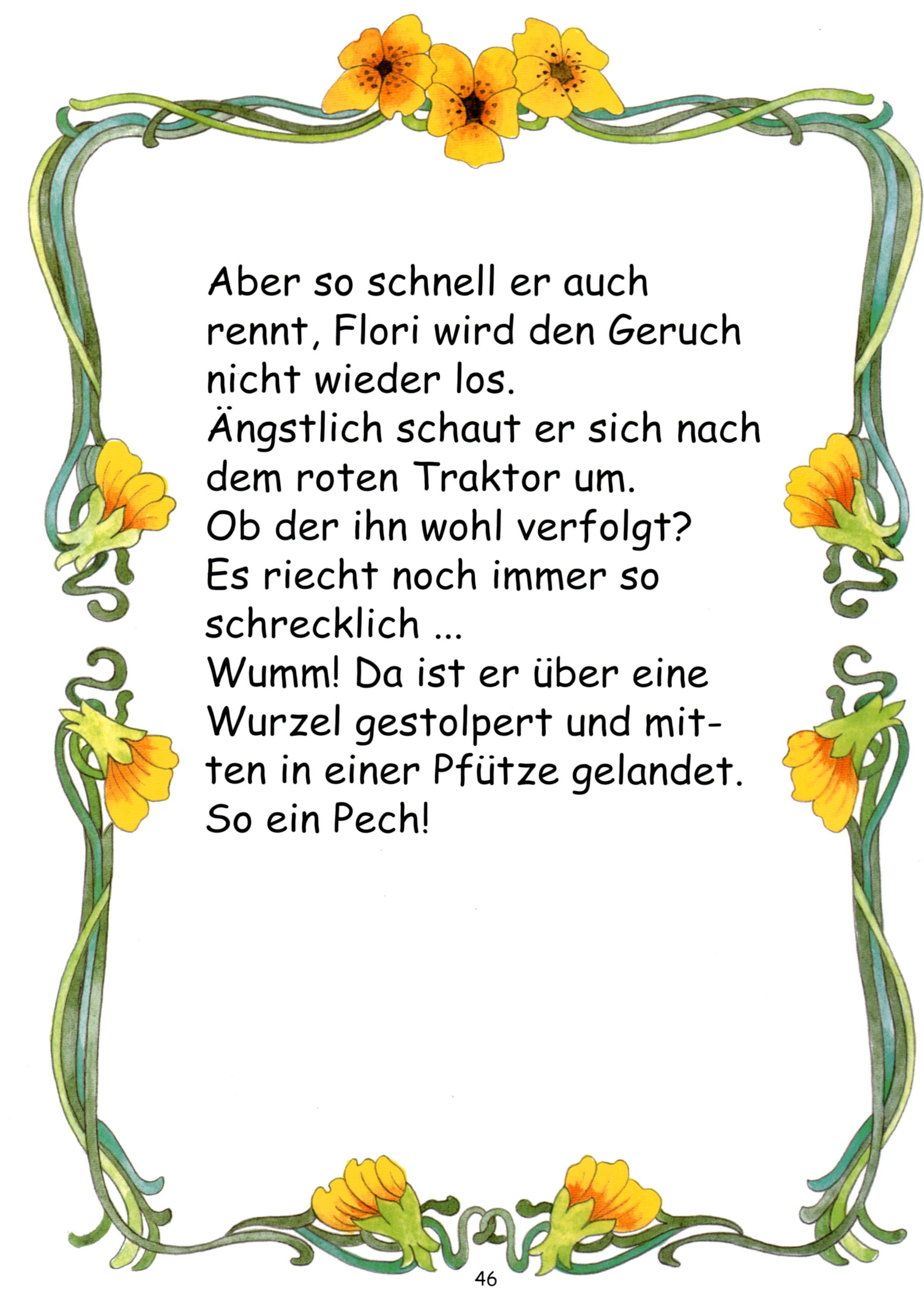

Aber so schnell er auch
rennt, Flori wird den Geruch
nicht wieder los.
Ängstlich schaut er sich nach
dem roten Traktor um.
Ob der ihn wohl verfolgt?
Es riecht noch immer so
schrecklich ...
Wumm! Da ist er über eine
Wurzel gestolpert und mit-
ten in einer Pfütze gelandet.
So ein Pech!

Ärgerlich wischt sich Flori das Wasser aus den Augen und aus dem Fell.
Immerhin riecht er jetzt wenigstens wieder nach Fuchs und nicht mehr nach Mist. Als das Fell ein wenig getrocknet ist, läuft Flori weiter.
Da entdeckt er auf einmal einen merkwürdigen kleinen Hügel.

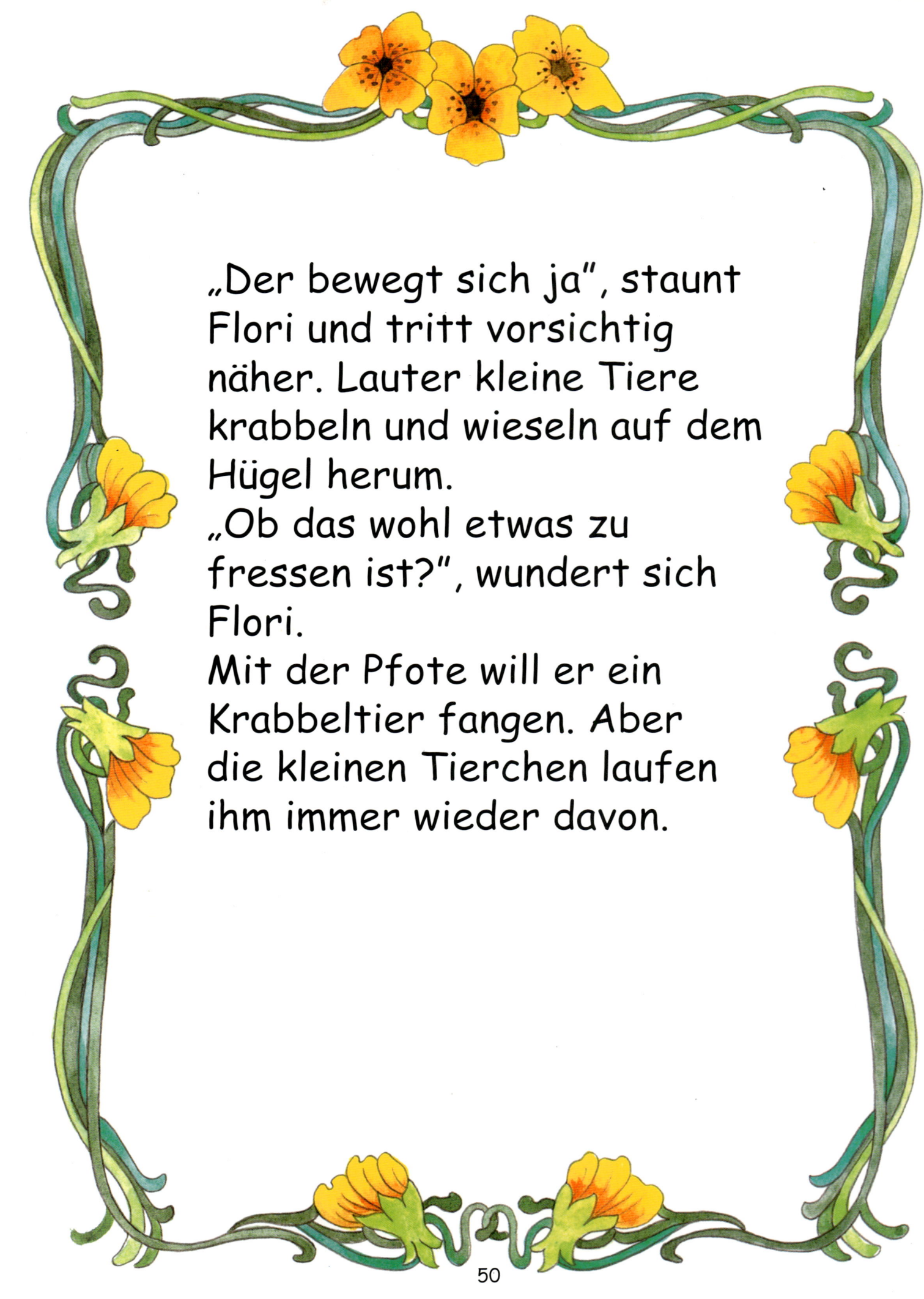

„Der bewegt sich ja", staunt Flori und tritt vorsichtig näher. Lauter kleine Tiere krabbeln und wieseln auf dem Hügel herum.

„Ob das wohl etwas zu fressen ist?", wundert sich Flori.

Mit der Pfote will er ein Krabbeltier fangen. Aber die kleinen Tierchen laufen ihm immer wieder davon.

Neugierig steckt Flori die
Nase in den Hügel, um zu
schnuppern. Oje! Armer Flori!
Schon kitzelt es überall an
seiner Nase.
Er schüttelt sich und rollt
sich über den Boden, um die
Ameisen wieder loszuwerden.
Endlich hat er es geschafft.
„Heute ist wohl nicht mein
Glückstag", seufzt er und
läuft davon.

Nanu, hier riecht es auf einmal sehr interessant. Flori
hat eine Spur entdeckt. Mit
der Nase dicht am Boden
folgt er ihr zwischen den
Bäumen hindurch.
„Hm, ein bisschen riecht es
nach Mensch und ein bisschen
nach ... ich weiß nicht ...
vielleicht ist es etwas zu
essen?"
Flori sucht weiter.

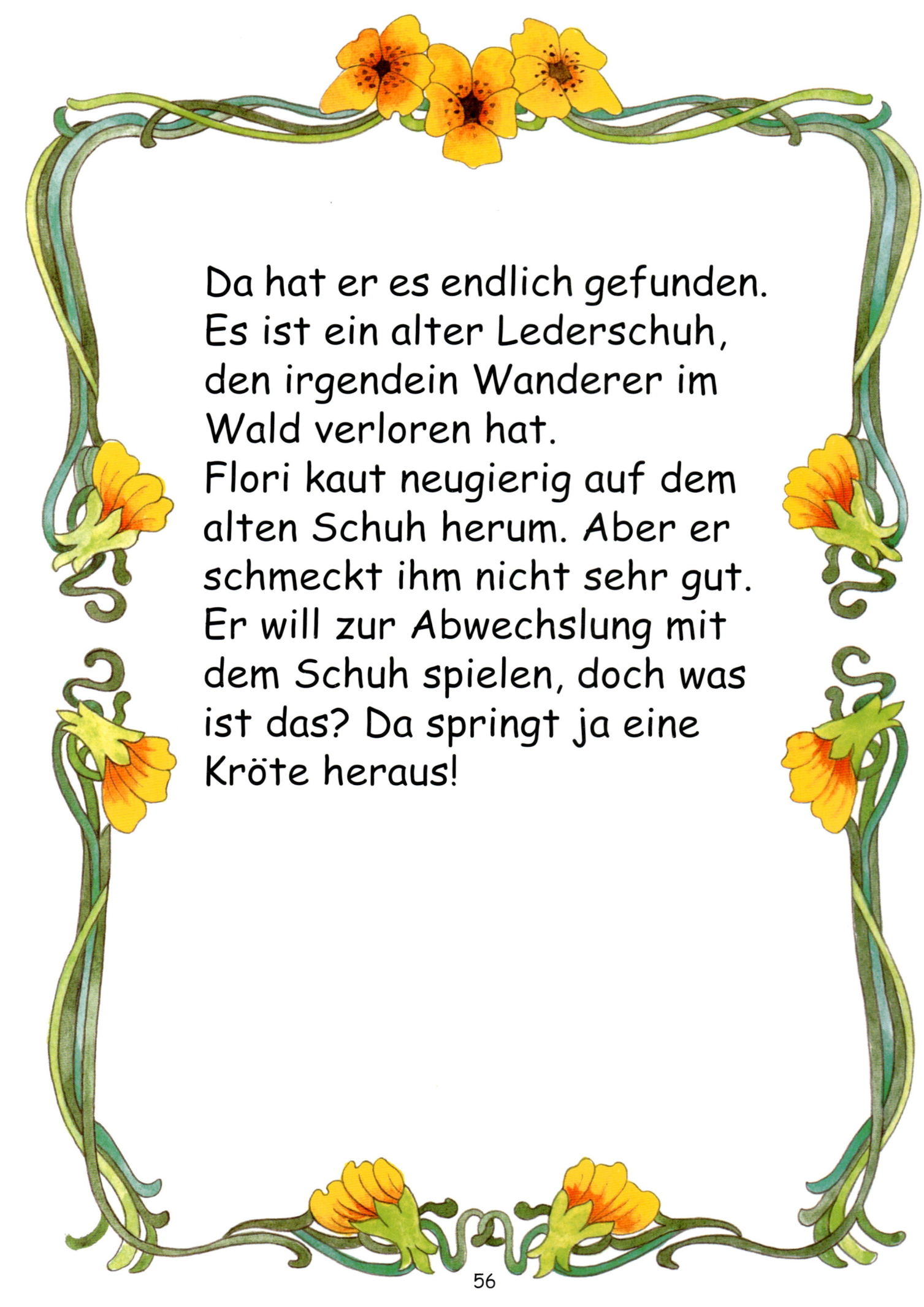

Da hat er es endlich gefunden.
Es ist ein alter Lederschuh,
den irgendein Wanderer im
Wald verloren hat.
Flori kaut neugierig auf dem
alten Schuh herum. Aber er
schmeckt ihm nicht sehr gut.
Er will zur Abwechslung mit
dem Schuh spielen, doch was
ist das? Da springt ja eine
Kröte heraus!

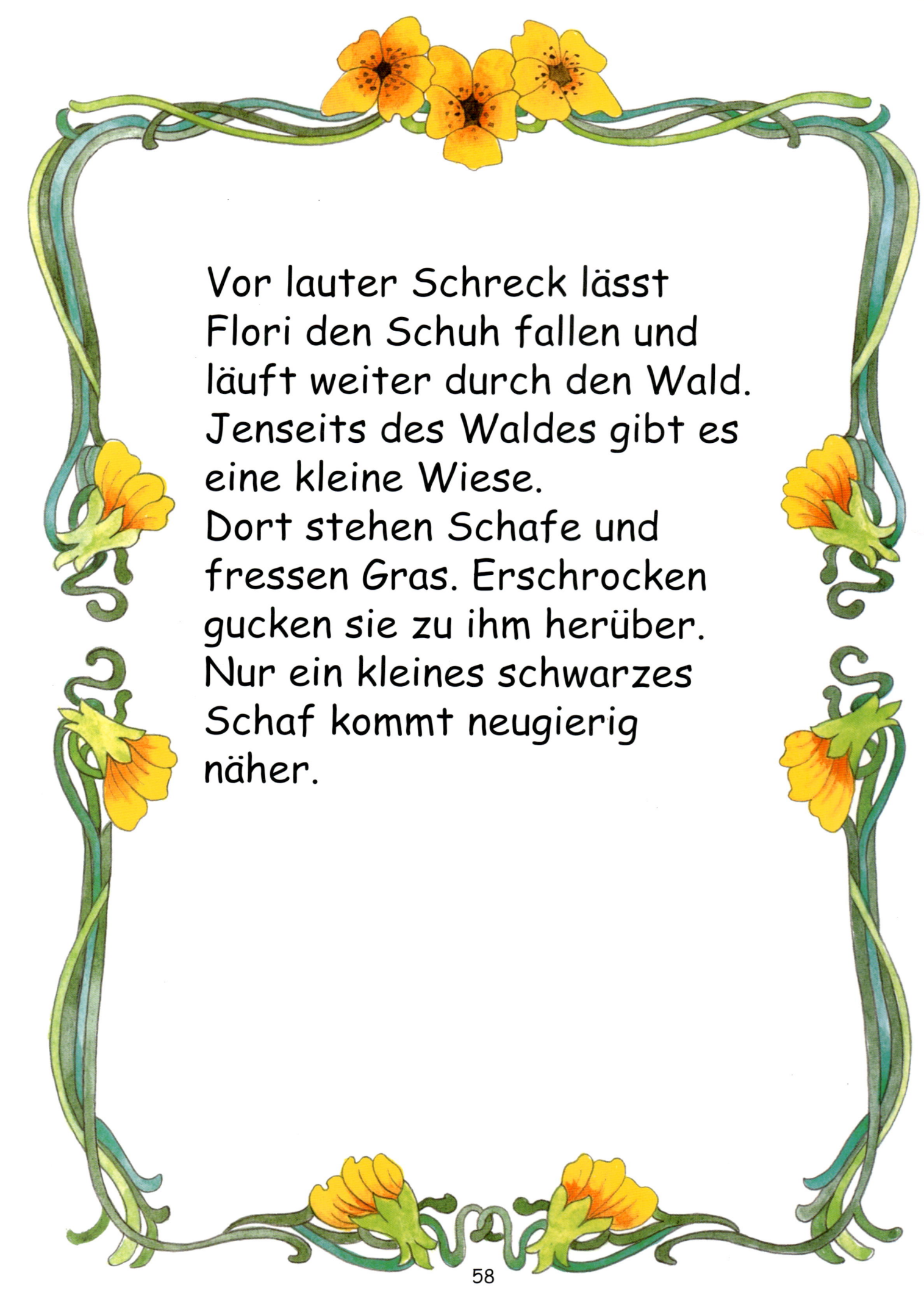

Vor lauter Schreck lässt
Flori den Schuh fallen und
läuft weiter durch den Wald.
Jenseits des Waldes gibt es
eine kleine Wiese.
Dort stehen Schafe und
fressen Gras. Erschrocken
gucken sie zu ihm herüber.
Nur ein kleines schwarzes
Schaf kommt neugierig
näher.

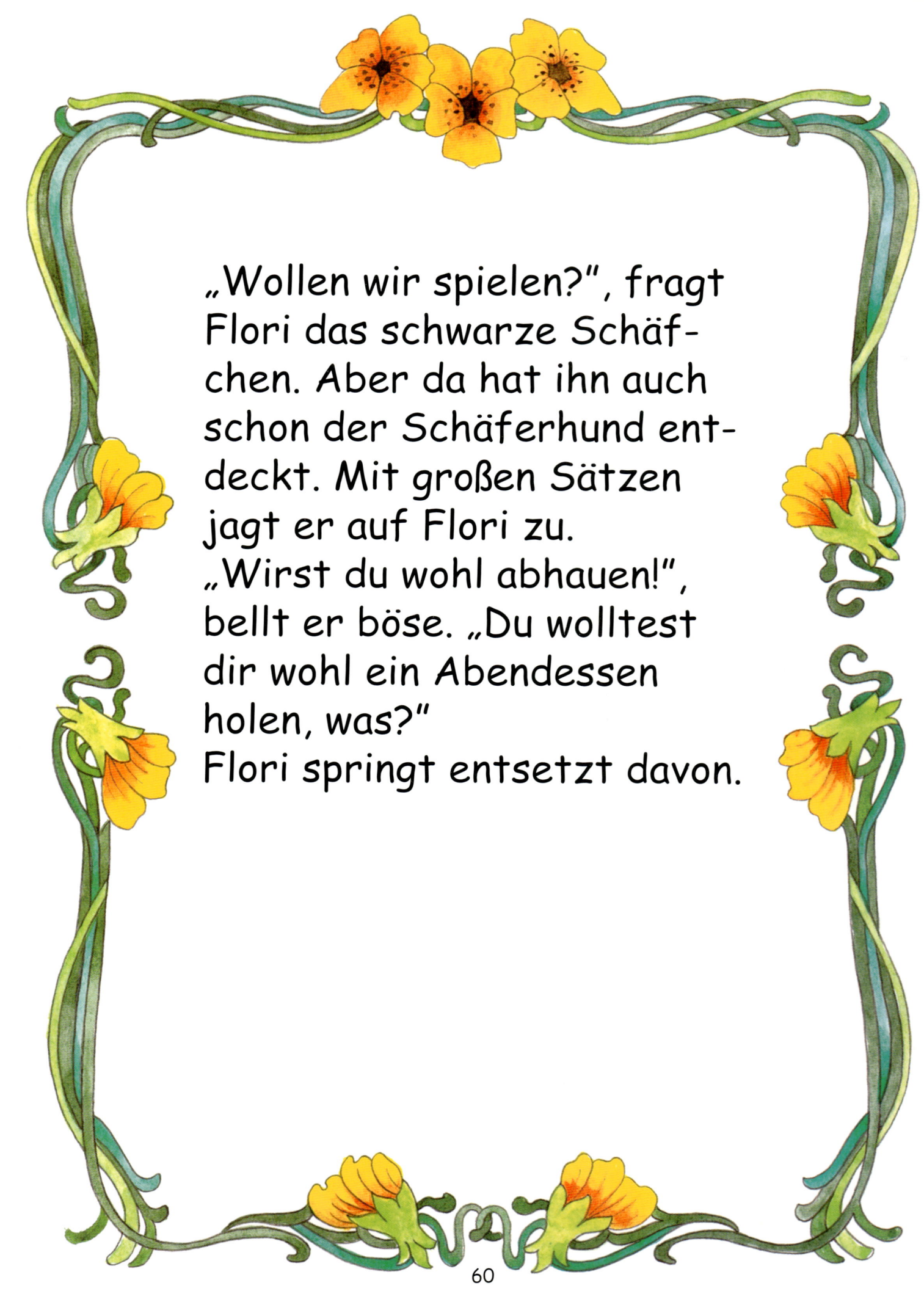

„Wollen wir spielen?", fragt Flori das schwarze Schäfchen. Aber da hat ihn auch schon der Schäferhund entdeckt. Mit großen Sätzen jagt er auf Flori zu.
„Wirst du wohl abhauen!", bellt er böse. „Du wolltest dir wohl ein Abendessen holen, was?"
Flori springt entsetzt davon.

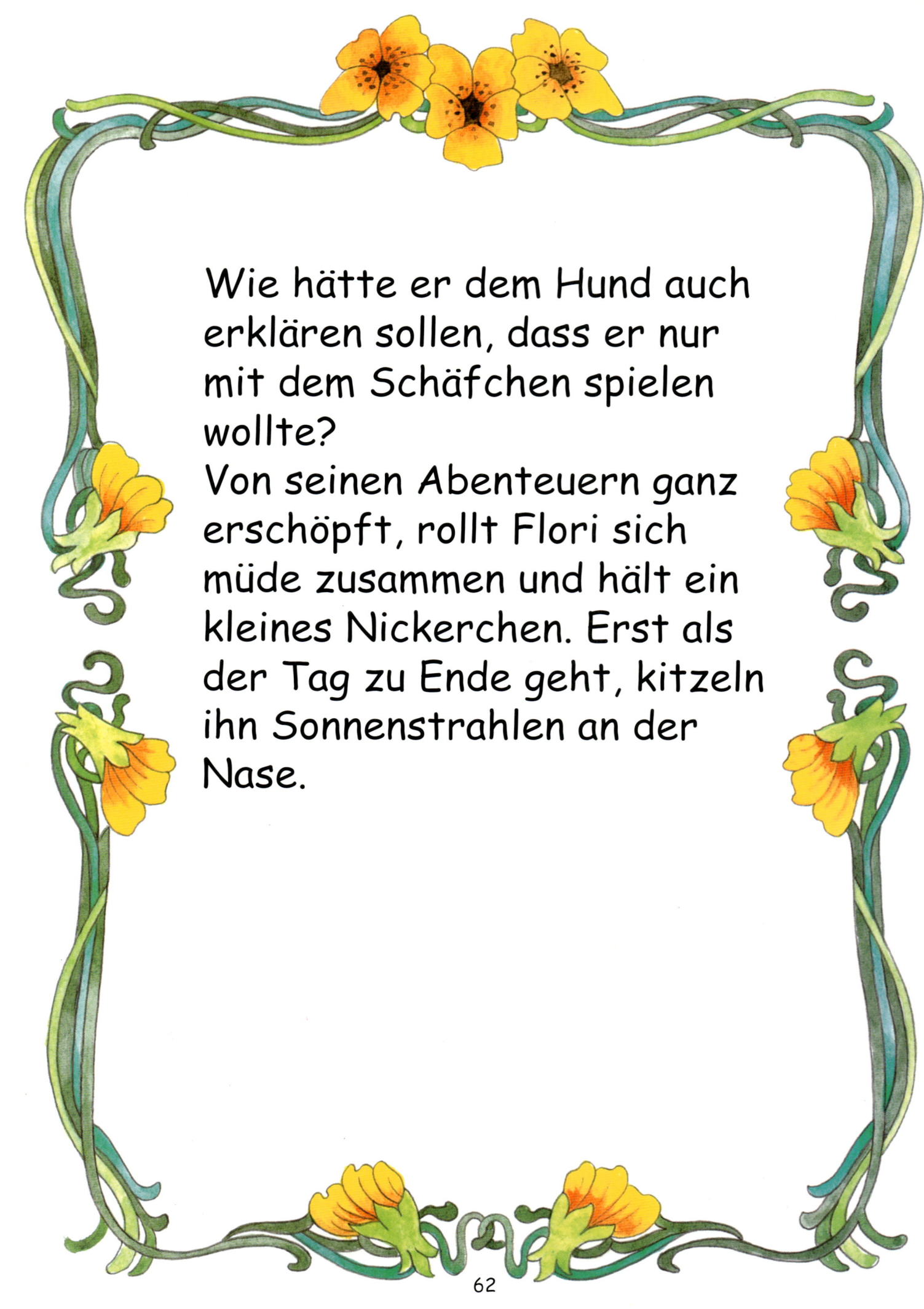

Wie hätte er dem Hund auch erklären sollen, dass er nur mit dem Schäfchen spielen wollte?

Von seinen Abenteuern ganz erschöpft, rollt Flori sich müde zusammen und hält ein kleines Nickerchen. Erst als der Tag zu Ende geht, kitzeln ihn Sonnenstrahlen an der Nase.

Flori wacht auf. Sein Magen knurrt.

„Jetzt habe ich aber Hunger", denkt er. Da zieht auf einmal ein wunderbarer Duft an seiner Nase vorbei.

„Nanu, was ist denn das?" Vorsichtig folgt er dem Duft. Am Waldrand entdeckt er hellen Schein. Kinder sitzen im Kreis um ein Lagerfeuer und grillen Würstchen.

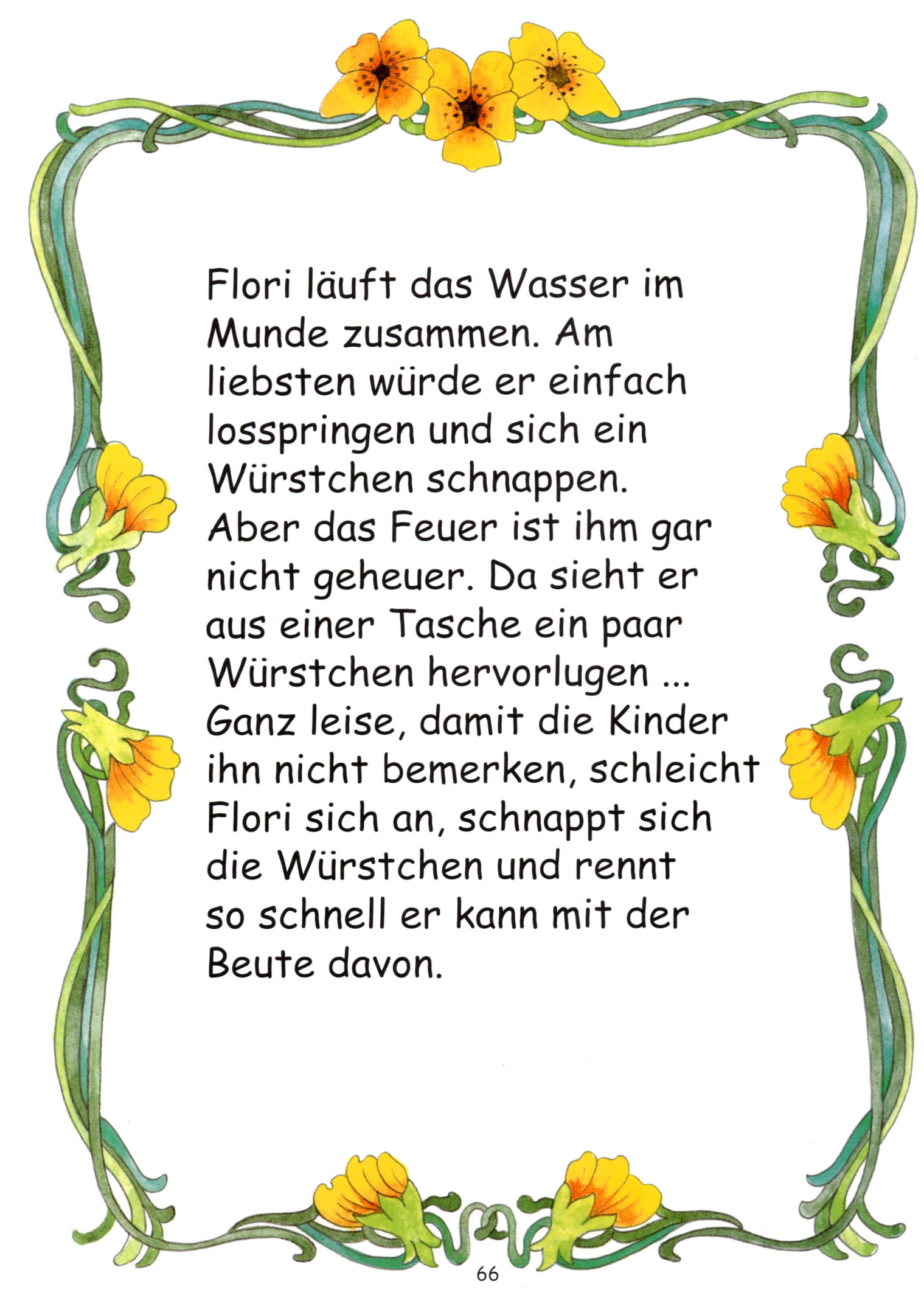

Flori läuft das Wasser im Munde zusammen. Am liebsten würde er einfach losspringen und sich ein Würstchen schnappen. Aber das Feuer ist ihm gar nicht geheuer. Da sieht er aus einer Tasche ein paar Würstchen hervorlugen ... Ganz leise, damit die Kinder ihn nicht bemerken, schleicht Flori sich an, schnappt sich die Würstchen und rennt so schnell er kann mit der Beute davon.

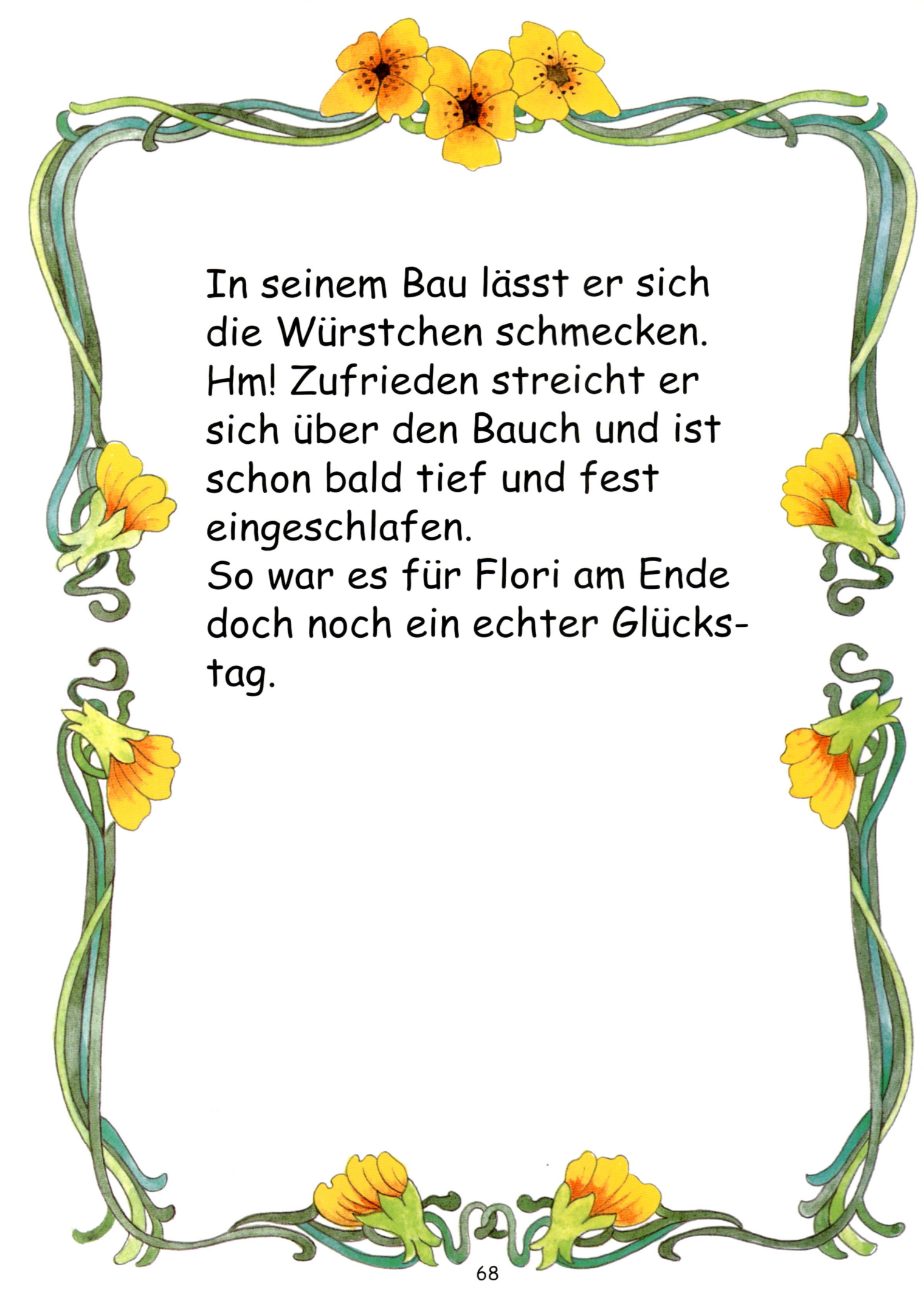

In seinem Bau lässt er sich
die Würstchen schmecken.
Hm! Zufrieden streicht er
sich über den Bauch und ist
schon bald tief und fest
eingeschlafen.
So war es für Flori am Ende
doch noch ein echter Glückstag.

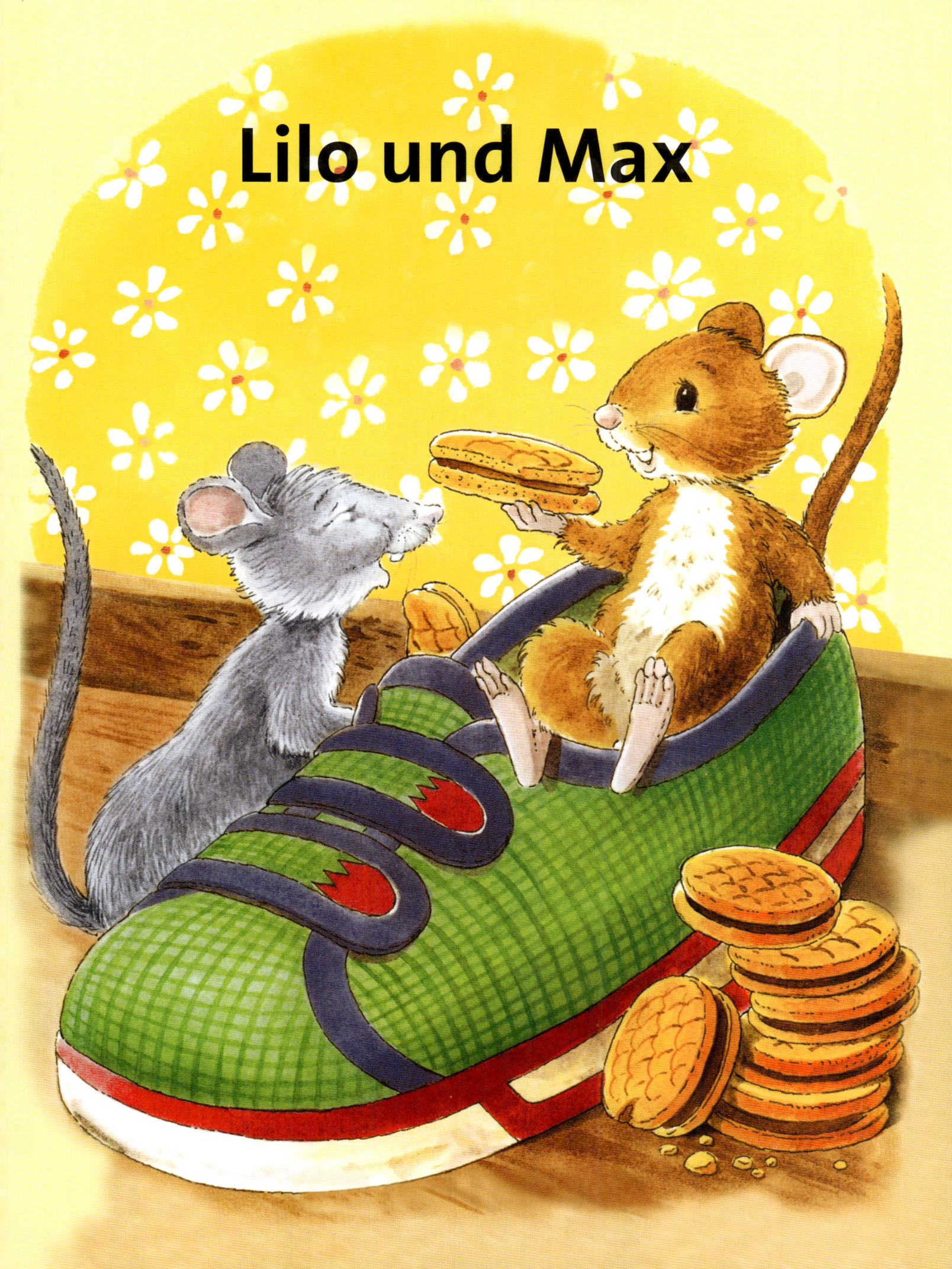

Lilo und Max

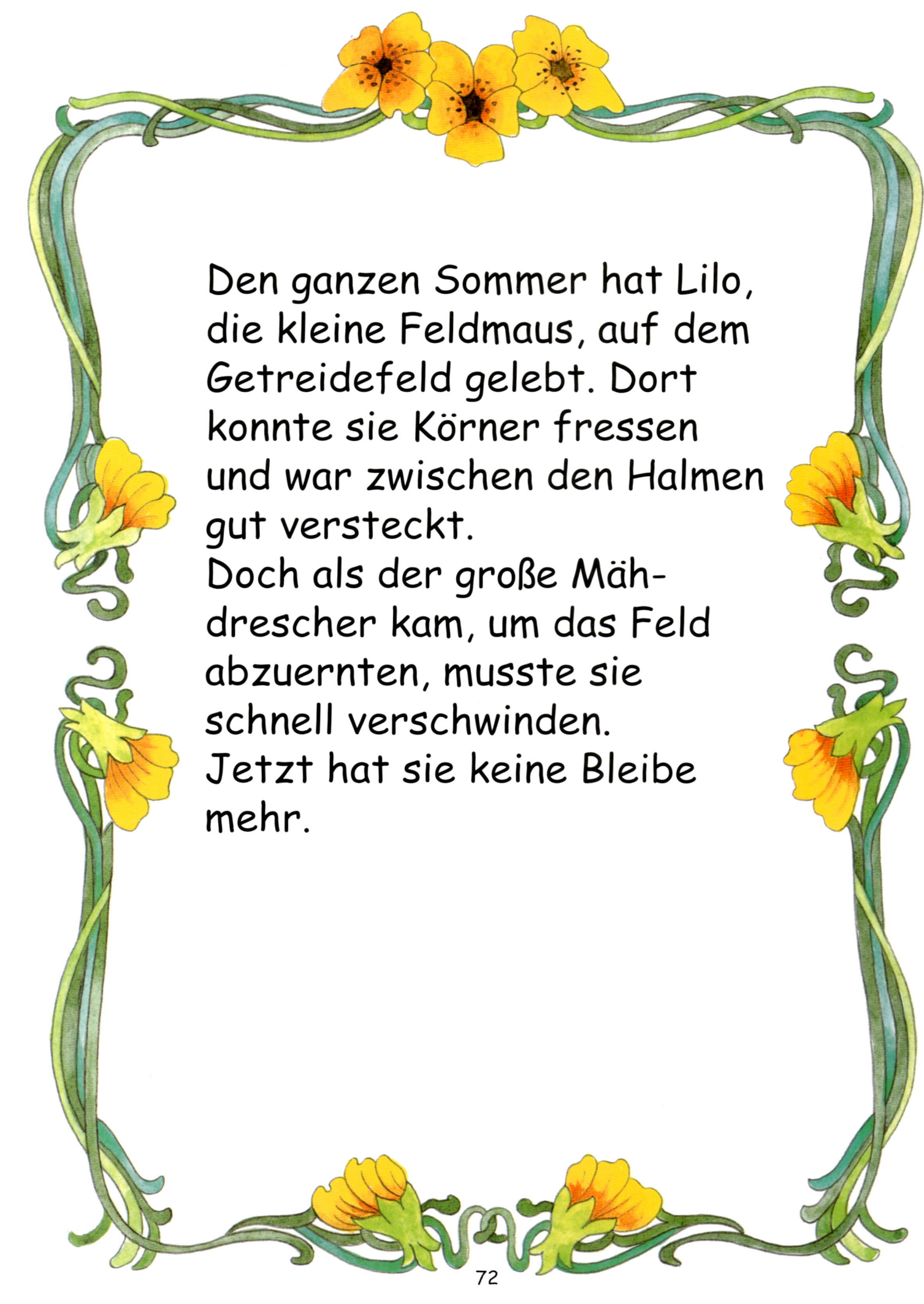

Den ganzen Sommer hat Lilo, die kleine Feldmaus, auf dem Getreidefeld gelebt. Dort konnte sie Körner fressen und war zwischen den Halmen gut versteckt.

Doch als der große Mähdrescher kam, um das Feld abzuernten, musste sie schnell verschwinden.

Jetzt hat sie keine Bleibe mehr.

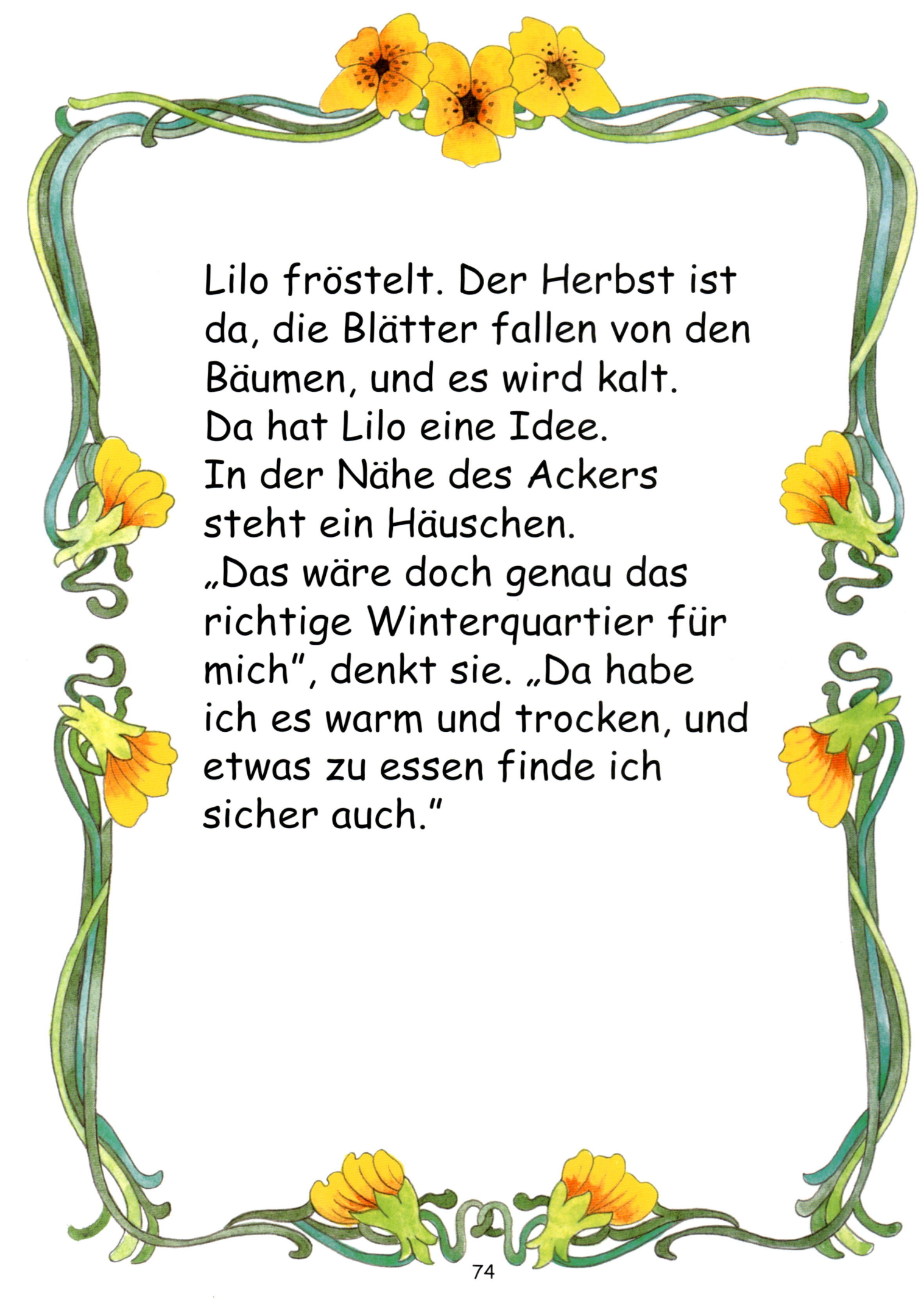

Lilo fröstelt. Der Herbst ist
da, die Blätter fallen von den
Bäumen, und es wird kalt.
Da hat Lilo eine Idee.
In der Nähe des Ackers
steht ein Häuschen.
„Das wäre doch genau das
richtige Winterquartier für
mich", denkt sie. „Da habe
ich es warm und trocken, und
etwas zu essen finde ich
sicher auch."

Durch das geöffnete Keller-
fenster schlüpft sie heimlich
ins Haus.
Was es dort alles gibt! Alte
Schränke und Regale mit
vielen seltsamen Sachen!
Neugierig schnuppert sie an
einer Schachtel und wäre
fast hinein gefallen.
„Zuerst einmal brauche ich
ein gemütliches Bett", denkt
Lilo.

Es muss warm sein und sicher und genau die richtige Größe haben. Lilo schaut sich überall um.

Auf einmal piepst sie begeistert. „Da ist ja ein Bett!" In einem Kinderschuh, der auf dem Kellerregal steht, macht Lilo es sich bequem und ist schon kurze Zeit später eingeschlafen.

Als sie am Morgen aufwacht, hat Lilo Hunger.

„Ich will mir einmal das Haus anschauen", denkt sie und spaziert fröhlich aus der geöffneten Kellertür.

Da sieht sie plötzlich auf der Treppe ein Ungeheuer liegen!

„Huh! Eine Katze!", schreit sie entsetzt und flieht zurück in den Keller.

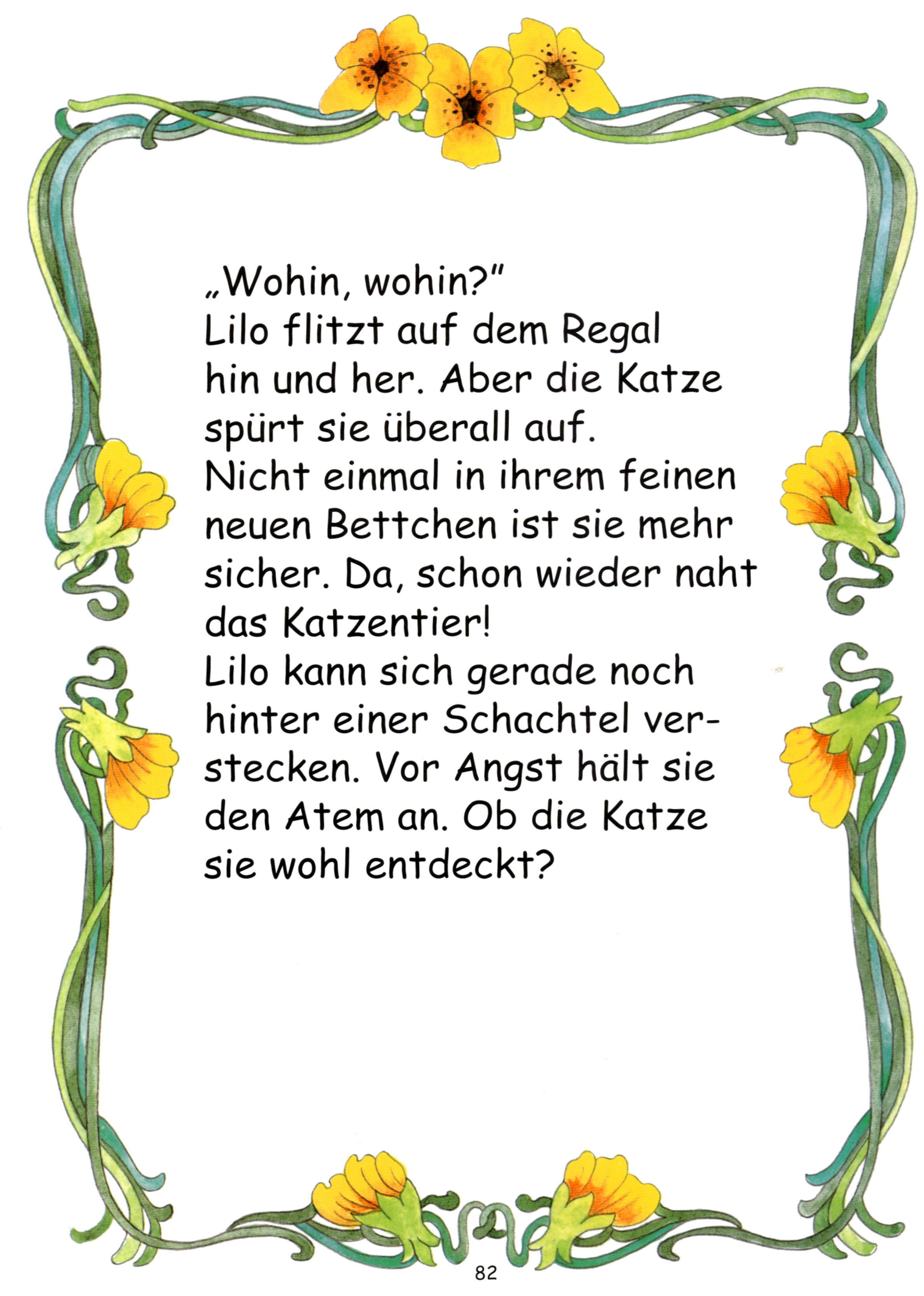

„Wohin, wohin?"
Lilo flitzt auf dem Regal
hin und her. Aber die Katze
spürt sie überall auf.
Nicht einmal in ihrem feinen
neuen Bettchen ist sie mehr
sicher. Da, schon wieder naht
das Katzentier!
Lilo kann sich gerade noch
hinter einer Schachtel verstecken. Vor Angst hält sie
den Atem an. Ob die Katze
sie wohl entdeckt?

Puh, das ist gerade noch ein-
mal gut gegangen! Auf leisen
Sohlen macht Lilo sich auf
den Weg durch das Haus.
Oben auf dem Speicher hört
sie eine Stimme.
„Hallo, guten Tag, wer sind
Sie?"
„Ich heiße Lilo, und Sie?"
„Ich bin Max, die Hausmaus,
und wohne schon lange hier."

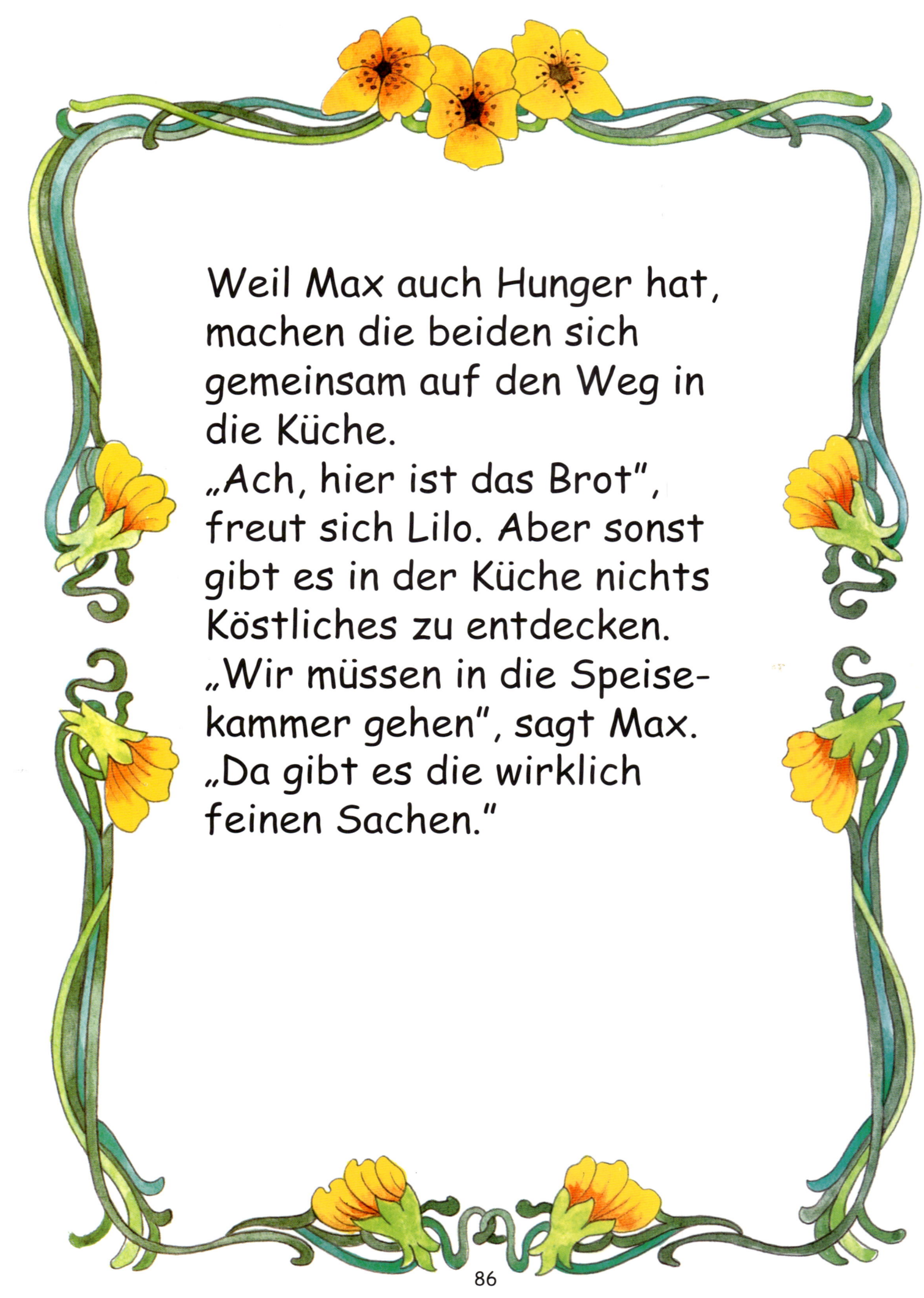

Weil Max auch Hunger hat,
machen die beiden sich
gemeinsam auf den Weg in
die Küche.
„Ach, hier ist das Brot",
freut sich Lilo. Aber sonst
gibt es in der Küche nichts
Köstliches zu entdecken.
„Wir müssen in die Speise-
kammer gehen", sagt Max.
„Da gibt es die wirklich
feinen Sachen."

Tatsächlich. „Das ist ja ein Mäuseparadies!", jubelt Lilo. „Hier ist der Käse", sagt Max.
„Der Kuchen schmeckt aber auch gut", schmatzt Lilo. Schnell packt sie ein wenig Käse und Kuchen in ein Tuch. Dann knabbert sie noch einen Zipfel Wurst ab und hüpft vom Küchenschrank herunter.

„Vorsicht!", ruft Max entsetzt, denn beinahe wäre Lilo auf die Mausefalle getreten.

„Was ist das?", wundert sich die kleine Feldmaus und will gerade neugierig den Speck beschnuppern, da ruft Max erneut: „Vorsicht! Das ist eine Falle! Wenn du den Speck nimmst, schnappt die Falle zu, und es ist aus mit dir!"

„Du musst den Speck ganz vorsichtig zur Seite herausziehen, dann passiert dir nichts", erklärt Max. „Siehst du, so!" Lilo ist froh, dass sie Max kennen gelernt hat. „Hier ist es ja ziemlich gefährlich", bemerkt sie. „Heute morgen hätte mich beinahe die Katze gefressen und nun diese Falle!"

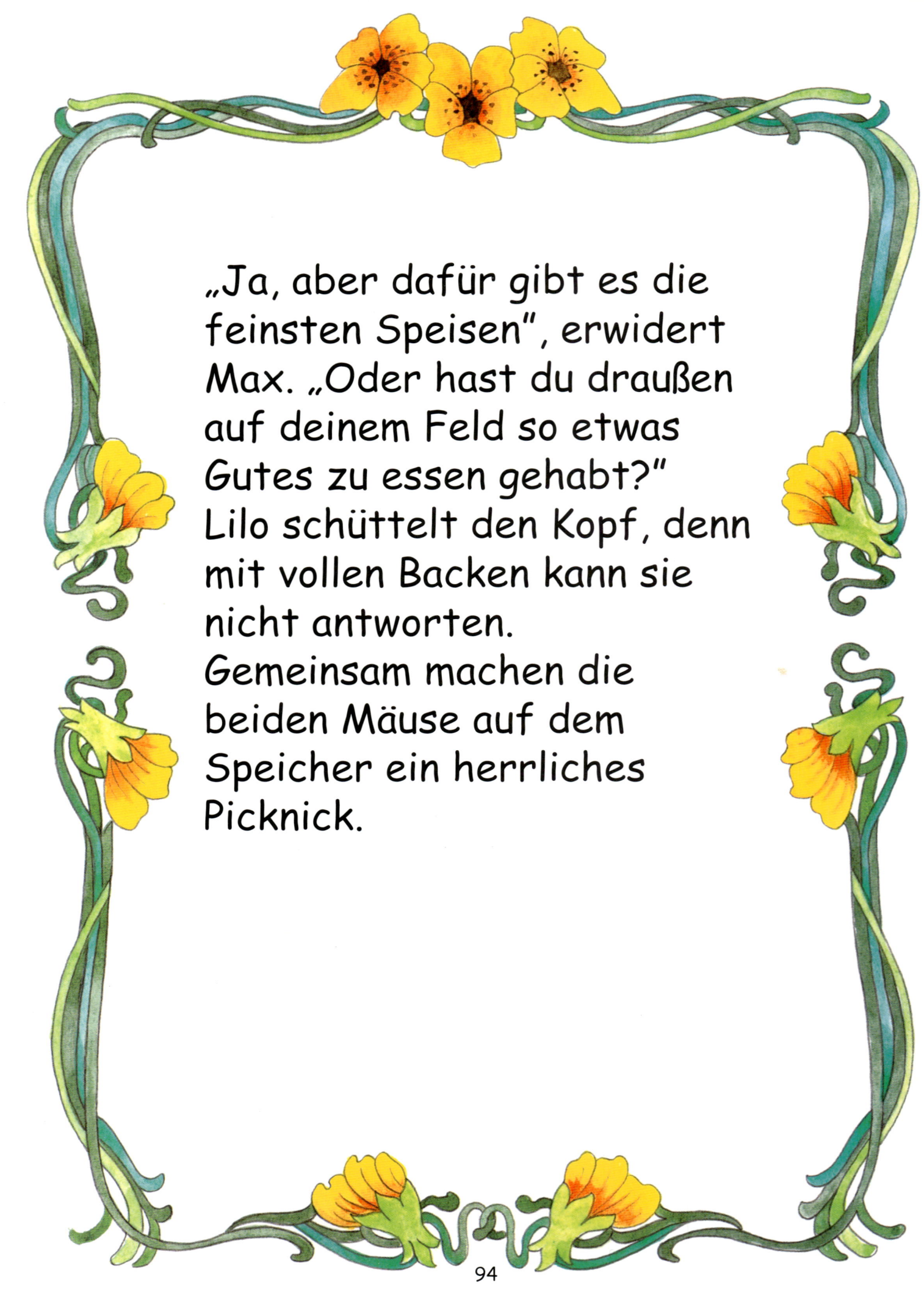

„Ja, aber dafür gibt es die feinsten Speisen", erwidert Max. „Oder hast du draußen auf deinem Feld so etwas Gutes zu essen gehabt?" Lilo schüttelt den Kopf, denn mit vollen Backen kann sie nicht antworten. Gemeinsam machen die beiden Mäuse auf dem Speicher ein herrliches Picknick.

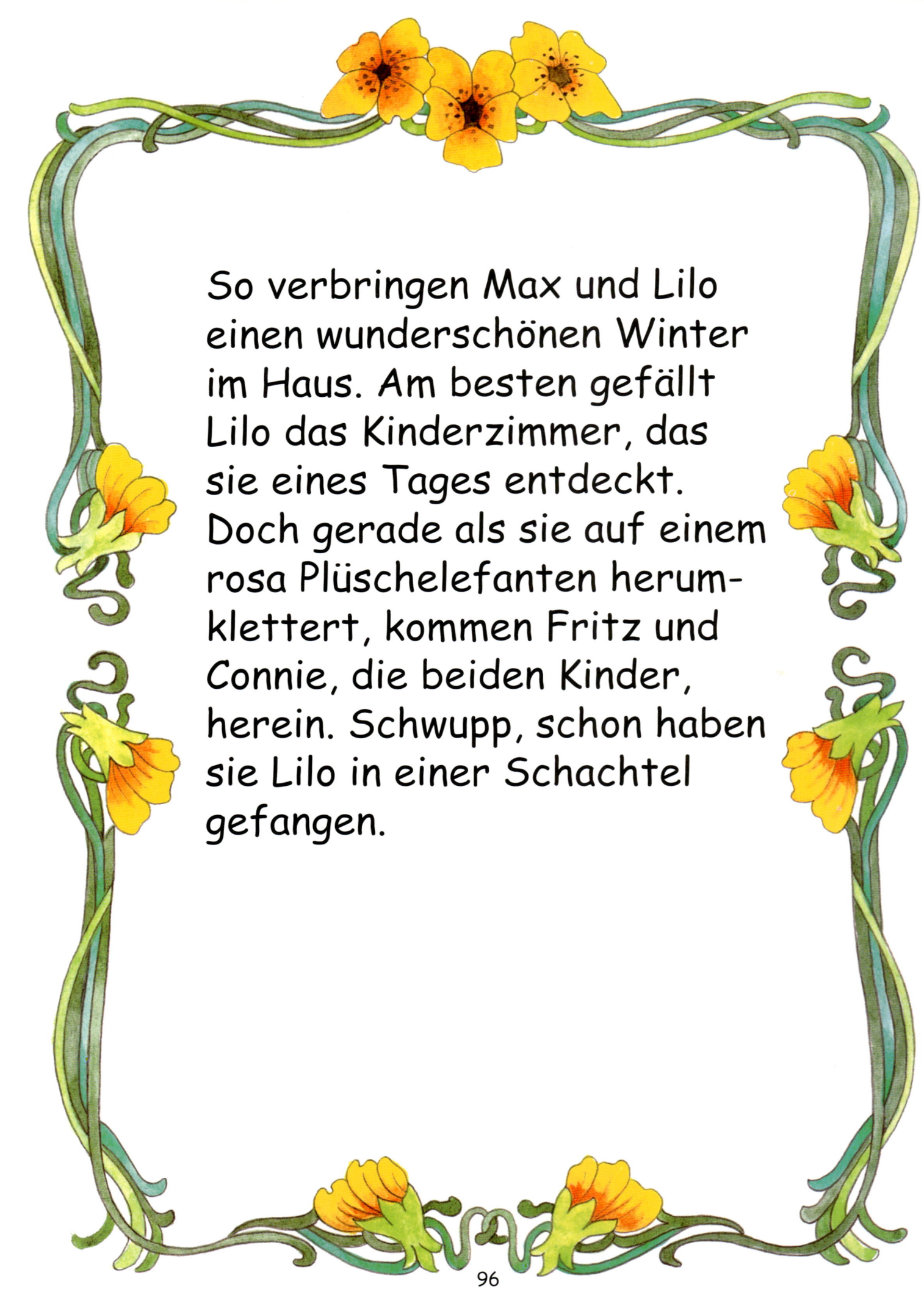

So verbringen Max und Lilo
einen wunderschönen Winter
im Haus. Am besten gefällt
Lilo das Kinderzimmer, das
sie eines Tages entdeckt.
Doch gerade als sie auf einem
rosa Plüschelefanten herum-
klettert, kommen Fritz und
Connie, die beiden Kinder,
herein. Schwupp, schon haben
sie Lilo in einer Schachtel
gefangen.

Lilos Herz klopft bis zum Halse, als sie im Dunkeln gefangen ist. Doch draußen im Garten öffnen Fritz und Connie die Schachtel.
„Jetzt lauf, du kleine Maus!", sagt Connie, und Lilo springt glücklich davon.
Es ist Frühling, die Sonne scheint warm herunter.
„Genau der richtige Tag für einen Ausflug ins Getreide-feld", freut sich die kleine Maus.

Moritz hat Glück

Familie Hoppel geht in den Wald.

„Schaut doch mal", ruft der kleine Moritz, „was ist denn das für ein lustiges Tier?"

„Das ist eine Schnecke, mein Kleiner", erklärt der Papa, der gerade leckere rote Beeren entdeckt hat.

Mama Hoppel und Fridolin schnuppern an kleinen Blumen. Ob man die wohl essen kann? Die kleine Isabella beobachtet einen Käfer.

„Wauwau wauwau", ertönt es da auf einmal.

„Was ist das?", ruft Mama Hoppel.

„Das ... das ist der Jagdhund!", stammelt der Papa entsetzt. Mit Schrecken sehen die Kanincheneltern den Hund auf einer Anhöhe stehen.

„Wenn er uns gerochen hat, dann sind wir alle in Gefahr!"

„Schnell! Moritz, Fridolin,
Isabella, wir müssen weg!
Da kommt der Hund!", ruft
die Mama.
Schnell wie der Wind hoppeln
die Hasen davon. Nur Moritz
steht verdattert da und
schaut sich um. „Komm endlich, Moritz, wir müssen in
den Wald hinein!", ruft der
Papa noch einmal.

„Was, was ist denn?", fragt
Moritz. Da ist der Jagdhund
auch schon da.
Neugierig schnuppert er
an dem kleinen Kaninchen,
das sich vor Schreck nicht
rühren kann.
„Hm, du riechst aber gut",
scheinen die Augen des
Hundes zu sagen. „Ob ich
dich fressen soll?"

Da ertönt ein scharfer Pfiff,
und auf der Stelle dreht der
Hund sich um und läuft davon.
Moritz zittert am ganzen
Leib.
„Da hab ich aber Glück
gehabt", denkt er. „Mama?",
ruft er ängstlich. „Mama?"
Aber die Mama kann ihn
nicht hören.

„Dann muss ich sie wohl suchen gehen", denkt Moritz und macht sich auf den Weg. „Außerdem knurrt mein Magen."
„Oh, was ist denn das?", denkt er, als er im Unterholz einen Fliegenpilz entdeckt. „Sieht lecker aus. Ob ich den vielleicht essen kann?" Er schnuppert an dem Pilz herum. „Hm, hm, vielleicht ist er doch nicht so gut."

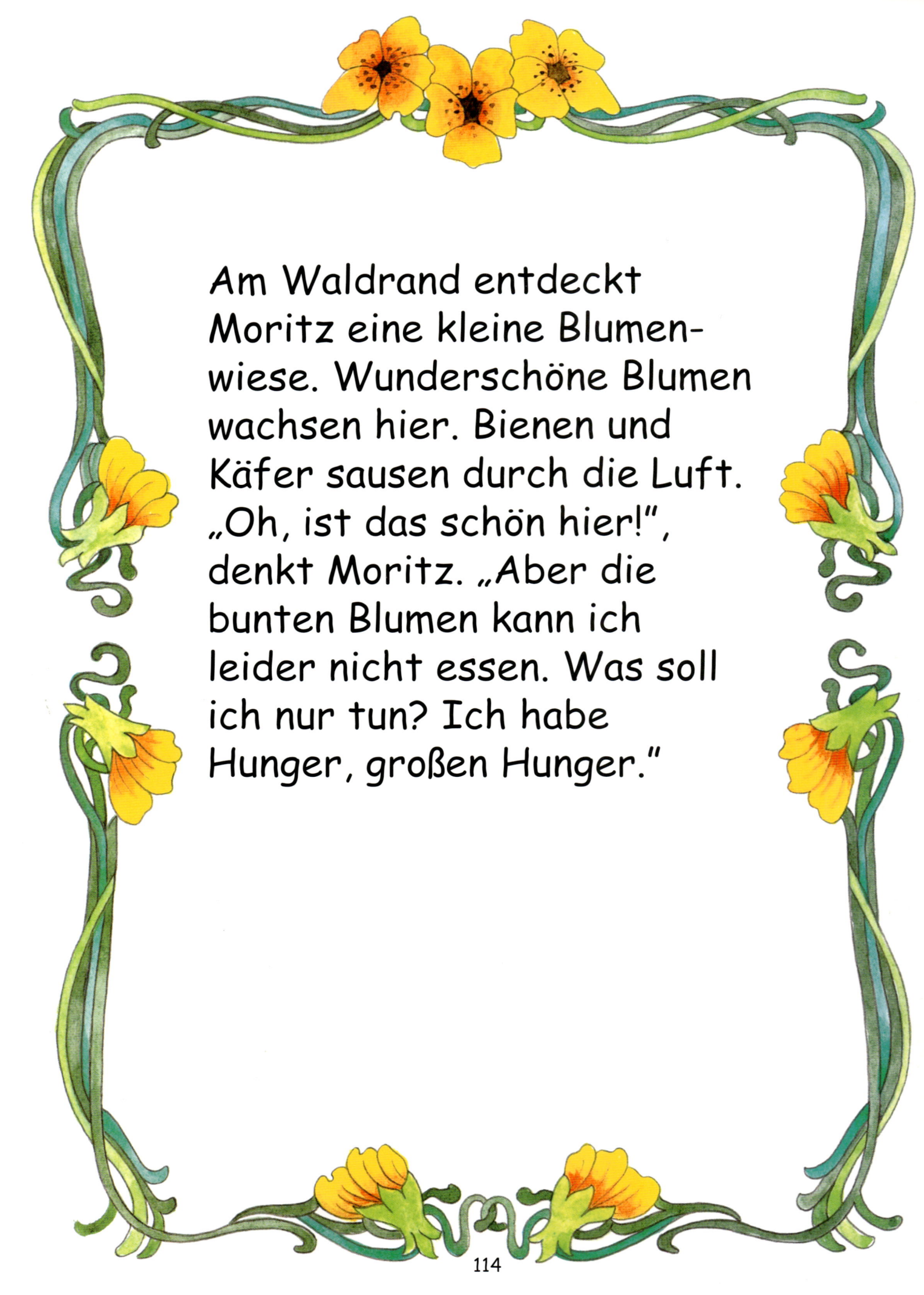

Am Waldrand entdeckt
Moritz eine kleine Blumen-
wiese. Wunderschöne Blumen
wachsen hier. Bienen und
Käfer sausen durch die Luft.
„Oh, ist das schön hier!",
denkt Moritz. „Aber die
bunten Blumen kann ich
leider nicht essen. Was soll
ich nur tun? Ich habe
Hunger, großen Hunger."

Moritz hoppelt ein Stückchen
weiter. Gleich neben der
Wiese gibt es ein Feld, auf
dem Kohlköpfe wachsen.
Staunend betrachtet er
die Raupen, wie sie die Kohl-
blätter fressen.
„Das mache ich auch", sagt
er und beißt beherzt in ein
Blatt.
„Mjmjm! Schmeckt gut!",
freut er sich.

Endlich ist Moritz satt.
Nun muss er nur noch seinen
Durst stillen.
Als er einen kleinen Bach
entdeckt, sucht er am Ufer
eine Stelle, wo er trinken
kann. Er beugt sich nach
vorne, um einen Schluck zu
nehmen und fährt erschro-
cken zurück.
„Was ist denn das? Da sitzt
ja ein Kaninchen im Wasser!"

Schnell bemerkt Moritz, dass er sein eigenes Spiegelbild im Wasser sieht.
Auf einmal schwirrt eine blaue Libelle an ihm vorbei.
„Ui, ist die groß!", staunt Moritz. Dann taucht auch noch eine Eidechse auf.
„So ein seltsames Tier habe ich ja noch nie gesehen", wundert sich der kleine Hase.

Weder auf der Wiese noch am Bach kann Moritz die Eltern finden.
Traurig hoppelt er zurück in den Wald. Sein Weg führt ihn an einen kleinen Teich. Staunend sitzt er am Ufer und schaut den Enten zu, als er auf einmal eine Seerose entdeckt. Schnell hüpft er hinunter ans Wasser.

„Wer bist du?", fragt er
neugierig, als er ein seltsames Tier auf einem See-
rosenblatt sitzen sieht.
„Ich bin ein Frosch, quak
quak", antwortet der Frosch.
Moritz will auch auf einem
Seerosenblatt sitzen.
Gerade will er losspringen,
da hüpft vor seiner Nase
ein Fisch aus dem Wasser.
Hoppla!
Glück gehabt, Moritz! Für ein
Seerosenblatt bist du doch
viel zu schwer!

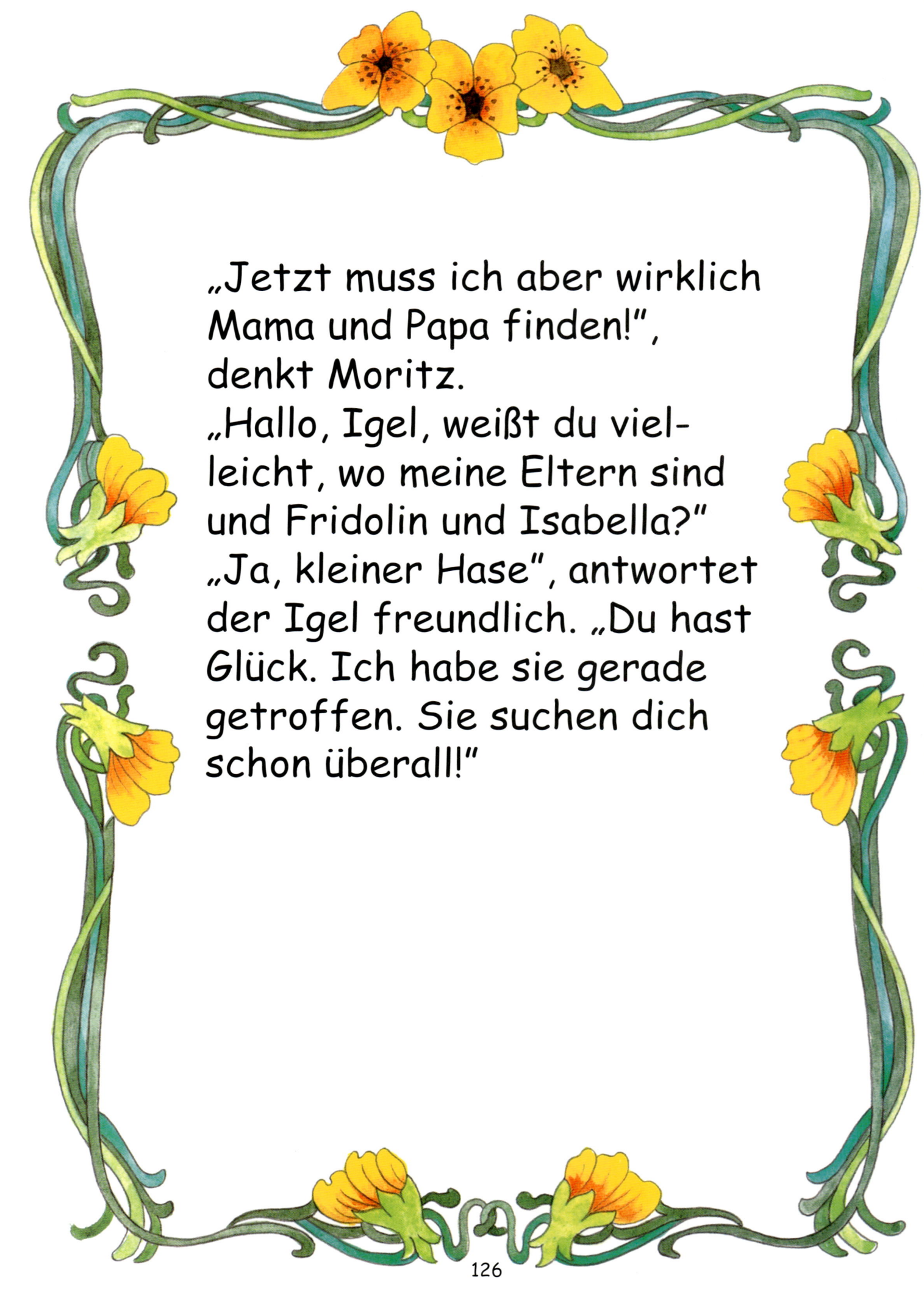

„Jetzt muss ich aber wirklich Mama und Papa finden!", denkt Moritz.

„Hallo, Igel, weißt du vielleicht, wo meine Eltern sind und Fridolin und Isabella?"

„Ja, kleiner Hase", antwortet der Igel freundlich. „Du hast Glück. Ich habe sie gerade getroffen. Sie suchen dich schon überall!"

Schnell hoppelt Moritz weiter. „Mama! Hier bin ich!", ruft er.

„Na endlich, mein Kleiner!", freut sich Mama Hoppel und schließt ihren Sohn ganz fest in die Arme.

„Da habe ich aber Glück gehabt, dass ich euch wiedergefunden habe!", strahlt Moritz.

Alexa auf dem Bauernhof

Mickie, die kleine Katze, wohnt auf einem Bauernhof auf dem Land. Eines Tages fährt ein großes Auto vor. Darin sitzt Familie Huber: Vater und Mutter Huber, Melissa und Michael und die Katze Alexa. Sie wollen Ferien auf dem Bauernhof machen. Deshalb haben sie auch so viele Koffer dabei. Eltern und Kinder Huber steigen aus und gehen ins Haus.

133

Nach einer Weile
kommen sie zurück
und tragen Koffer und
Taschen ins Haus. Sogar
Alexa wird in einer Tasche
ins Haus getragen.
Mickie, die Hofkatze, staunt.
Ob die fremde Katze nicht
laufen kann?
Neugierig nähert sich Mickie
und schlüpft ins Haus, bevor
die Tür zufällt. Drinnen
springt sie auf einen Schrank
und beobachtet Alexa
neugierig.

Am nächsten Morgen bekommen beide Katzen Frühstück. Jetzt ist auch Alexa neugierig geworden. Aufmerksam beschnuppert sie Mickie, die vorsichtshalber einen Buckel macht. Alexa springt auf die Fenster bank, Mickie geschwind hinterher. Beide schauen zum Fenster hinaus. „Kommst du mit Mäuse jagen?", fragt Mickie.

„Mäuse jagen?", wundert sich Alexa. „Was ist das?"

Mickie lacht. „Komm,
ich zeige es dir!"
Sie springt durch die offene
Tür ins Freie, Alexa läuft
hinter ihr her.
Gespannt schaut sie Mickie
zu, die schon bald eine Maus
gefangen hat.
Dann versucht sie es auch,
aber die Mäuse sind flink und
entwischen ihr stets.

Alexa geht lieber ein wenig spazieren.
Rings um den Bauernhof gibt es grüne Wiesen.
Der Boden ist weich, und es fahren keine Autos. Überall wachsen bunte Blumen.
Manche riechen gut.
Das findet Alexa schön.
Plötzlich springt vor ihr ein Grashüpfer in die Luft.
Alexa erschrickt. Wo ist nur Mickie?

Im hohen Gras ist ihre Freundin kaum zu sehen. Mit großen Sprüngen läuft Alexa zu ihr hin. „Komm, wir spielen Verstecken", schlägt sie vor und klettert auf einen hohen Baum. Aber Mickie hat sie natürlich längst entdeckt. Jetzt ist Alexa mit Suchen an der Reihe, und Mickie muss sich verstecken.
Das macht Spaß!

Nach einer Weile
fragt Mickie: „Wie
wäre es mit ein wenig Milch?"
„Gern", antwortet Alexa höflich und beginnt vor Freude zu
schnurren. Milch mag sie
besonders gern. Melissa stellt
ihr zuweilen ein Schälchen
davon hin.
Mickie führt sie zu einem
Haus mit kleinen Fenstern.
Eines steht offen, und sie
schlüpfen hinein. Drinnen ist
es warm, und es riecht
merkwürdig.

„Muuuuh", macht eine Kuh. Alexa springt erschrocken zur Seite. Ängstlich schaut sie sich um. „Wo sind wir hier?", fragt sie und zittert, als sie die vielen Kühe sieht. „Ich wollte doch nur ein wenig Milch."
„Eben deshalb sind wir ja hier", erklärt Mickie. „Das sind Kühe, und sie geben Milch." „Ach ja?", wundert sich Mickie. Dann trinken sie aus einer Milchschale, die im Stall steht.

147

Satt und zufrieden verlässt Alexa den Stall. Fröhlich klettert sie über den Zaun in den Garten. „Ziemlich mutig", denkt Mickie, die ihr nachschaut. Da ertönt auch schon lautes Gebell, und Marco, der Hofhund, kommt um die Ecke gesaust.

Alexa stehen die Haare zu Berge. „Hilfe!", ruft sie und rast davon.

„Hier herauf!", ruft
Mickie, die schon
längst auf einem Ast sitzt.
In letzter Sekunde erreicht
Alexa den rettenden Baum.
Unten steht Marco und bellt.
„Tsss, tsss", wundert sich
Alexa. „Der ist ja richtig
gefährlich!
Bei uns in der Stadt sind
Hunde angeleint. Da passiert
so etwas nicht."

Als Marco sich nach
einer Weile beruhigt,
klettern die beiden Katzen
vom Baum.
In der Nähe gibt es einen
kleinen Teich.
Ein paar Enten schwimmen
friedlich umher. „Die werden
mir schon nichts tun", denkt
Alexa.
Sie möchte am Ufer ein wenig
ausruhen und in der Sonne
dösen.

Doch außer den Enten gibt es auch noch große weiße Vögel am Teich. Das sind die Gänse: eine ganze Gänsefamilie mit vielen Küken. Als der Gänsevater Alexa bemerkt, beginnt er laut zu schnattern und mit den Flügeln zu schlagen. „Verschwinde, du Räuber!", heißt das. Alexa wundert sich. Außer ihr ist niemand zu sehen. Doch der Gänsevater sieht so böse aus, dass sie lieber wieder zum Haus zurückgeht.

Am nächsten Morgen springt Alexa gleich nach dem Frühstück auf die Fensterbank und beginnt sich zu putzen.

„Na, kommst du heute wieder mit", fragt Mickie, die vorbeikommt. Alexa schüttelt müde den Kopf. „Heute mache ich Ferien", gähnt sie und rollt sich zusammen.

Dann schnurrt sie ein wenig und ist auch schon eingeschlafen.

Und Mickie?

Die schaut noch eine Weile aus dem Fenster, dann tut sie es Alexa gleich. Sie legt den Kopf auf die Pfoten, schließt schläfrig die Augen und beginnt zu träumen. Was für ein schöner Tag! Beide Katzen dösen friedlich. Manchmal, wenn man genau hinschaut, zucken die Barthaare, und der Schwanz wackelt ein wenig. Ob sie dann wohl von Mäusen träumen?

Trolli macht einen Ausflug

Trolli, der kleine Hund, sitzt im Garten.

Dort gibt es Blumen und Bäume und weiches Gras. Es ist Sommer, und überall summen die Bienen.

Trolli mag den kleinen Garten, aber heute ist ihm langweilig. Er hat niemanden zum Spielen. Er ist ganz allein. Da tänzelt auf einmal ein Schmetterling vorbei.

Der Falter fliegt von Blüte zu Blüte, und Trolli läuft aufgeregt hinter ihm her. Doch da fliegt der Schmetterling über den Zaun. Trolli schaut ihm betrübt hinterher. Doch dann hat er eine gute Idee.
Geschickt gräbt Trolli mit den Pfoten ein Loch in die Erde, macht sich ganz dünn und schlüpft unter dem Maschendraht hindurch.

Er schüttelt die Erde ab
und läuft weiter dem
Schmetterling hinterher.
Aufgeregt schnuppert er
links und rechts an Blumen
und Sträuchern. Manchmal
muss er niesen, wenn er zu
viel Blütenstaub in die Nase
bekommt.
Auf einmal steht vor ihm ein
großer Hund. Trolli weiß nicht,
ob er Angst haben soll.
Vorsichtig wedelt er
mit dem Schwanz.

Der große Hund heißt
Bruno und will Trolli mit-
nehmen. „Komm", sagt er,
„ich zeige dir die Welt!"
Das findet Trolli toll.
Staunend sieht er, wie Bruno
seine täglichen Übungen
macht, und versucht es auch.
„Am wichtigsten ist", sagt
Bruno, „dass du schnell laufen
kannst und stark bist!"
Aber bei Trolli ist leider
beides nicht der Fall.

Außerdem hat Trolli
Hunger. Bruno auch.
Gemeinsam laufen sie zu
Metzger Meyer.
Dort kauft die Familie, bei
der Trolli wohnt, immer ein,
und manchmal bekommt Trolli
einen Zipfel Wurst geschenkt.
Das möchte Trolli heute auch.
Aber Bruno hat eine andere
Idee. Er lässt Trolli vor dem
Geschäft warten und klaut
eine Wurst. Dann rennt
er schnell davon.

Zornig kommt Herr Meyer aus dem Laden gestürmt. Dort sitzt Trolli und schleckt sich das Maul vor lauter Freude. Als Herr Meyer das sieht, schreit er wütend: „Mach, dass du wegkommst, du undankbarer Köter!" Er fuchtelt mit den Armen und kriegt einen roten Kopf. Trolli zieht den Schwanz ein und schleicht bekümmert davon. „Ich habe doch gar nichts gemacht", denkt er.

Als er Brunos dicken
Bauch sieht, weiß er, wer
die Wurst geklaut hat.
Nur noch einen kleinen Zipfel
hat Bruno für Trolli auf-
gehoben. So ein Gauner!
Ganz in der Nähe sieht Trolli
eine Katze sitzen.
Er bellt ganz laut, damit sie
erschrickt. Doch Bruno läuft
schon los: „Komm, wir jagen
sie!" Trolli läuft hinterher.
Mit einem Satz ist die
Katze im dichten
Gebüsch verschwunden.

Trolli versucht, die Katze zu finden. Wo steckt sie nur? „Auuuu! Was ist das?" Die Katze hat den armen Trolli an der Schnauze gepackt, und er bekommt ihre scharfen Krallen zu spüren. Vergeblich versucht er sie abzuschütteln. Endlich lässt sie los und läuft davon. Trollis Nase tut ziemlich weh, doch Bruno kann sich vor Lachen kaum halten. „Hahahaha! Lässt sich von einer Katze die Nase zerkratzen!"

Endlich hat Bruno vom
Lachen genug und rennt
wieder los. „Komm mit,
Trolli, ich zeige dir etwas!"
Trolli ist nicht besonders
begeistert, doch dann siegt
die Neugier, und eifrig läuft
er Bruno hinterher. Immer
schneller laufen die beiden.
Staub wirbelt auf, und die
Ohren flattern im Wind.
Auf einmal macht Bruno einen
Riesensatz und springt
über einen Bach. Trolli
kann gerade noch
anhalten.

Er schaut aufs Wasser, dann hinüber zur anderen Seite.

Ob er das wohl schafft? Mit einem einzigen Satz hinüberspringen?

Bruno ist stehen geblieben.

„Mit Anlauf ist es ganz einfach!", ruft er. Trolli zögert, aber will nicht kneifen.

Er nimmt also Anlauf, springt und – landet im Wasser!

„Hahahahaha!", hört er Bruno lachen.

Trolli ist wütend. „Pah!",
sagt er, als er im Gras
sitzt und das Wasser aus
dem Fell schüttelt. „Das ist
nicht lustig. Man lacht andere
nicht aus, nur weil sie kleiner
und schwächer sind als man
selbst!"
Bruno guckt ganz erstaunt.
Dann sagt Trolli: „Weißt du,
was? Jetzt zeige ich dir
einmal etwas. Komm mit!"
Gemeinsam laufen sie
zu dem kleinen Haus,
in dem Trolli wohnt.

Geschwind schlüpft Trolli
unter dem Zaun hindurch
in den Garten.
Bruno versucht es auch. Aber
er ist viel zu groß und zu dick.
Das sieht so komisch aus,
dass Trolli fast lachen muss.
Im Nu kommt Trollis Herr-
chen angelaufen und jagt den
dicken Bruno davon. „Tschüss,
Bruno!", ruft Trolli ihm nach.
Und Bruno lacht: „Tschüss,
Trolli!"

Dann läuft Trolli zum
Haus. Die ganze Familie
wartet schon auf ihn.
Denn Trolli ist hier zu Hause.
„Hat dich der böse Hund
verfolgt?", fragt Thomas und
bringt Trolli eine Wurst.
Lara streichelt Trolli und
drückt ihn ganz fest an sich.
„Du armer kleiner Hund!",
sagt sie. Niemand schimpft,
obwohl Trolli ein Loch unter
dem Zaun gegraben hat.

Am nächsten Tag spielen Lara und Thomas mit Trolli im Garten.
Sie laufen mit ihm um die Wette, lassen sich fangen und spielen Ball. Trolli bellt vor Vergnügen.
Draußen vor dem Zaun läuft Bruno vorbei. „Na, kommst du heute wieder mit?", fragt er. „Heute nicht", antwortet Trolli und lacht. „Heute bleibe ich lieber zu Hause."

Ricki findet eine Familie

Immer wieder schaut
Ricki über die Wiese.
Doch es ist niemand zu
sehen.
Das kleine Reh seufzt traurig
und frisst ein paar Halme.
Sie schmecken ihm nicht.
Wo sind nur seine Eltern und
seine Geschwister?
Betrübt denkt Ricki daran,
wie lustig es war, mit Brüdern
und Schwestern zu spielen.

Die Sonne geht gerade
auf, die Vögel beginnen
zu zwitschern.
Die Eichhörnchen flitzen
im Wald umher und suchen
emsig nach Nüssen.
Auf der Wiese summen die
Bienen. Die Blumen öffnen
ihre Blüten und locken bunte
Schmetterlinge an.
Alle Tiere sind fröhlich, nur
Ricki nicht.

Da kommt ein kleines Reh auf die Waldwiese gesprungen.

„Hallo", ruft es fröhlich.

„Ich bin Flecki, und wer bist du?" Ricki bleibt stumm und schaut Flecki traurig an.

„Ja, was ist denn mit dir passiert?" wundert sich Flecki. „Heute ist so ein schöner Tag, und du bist traurig?"

Ricki seufzt tief.

Dann erzählt erzählt sie
Flecki, warum sie so
traurig ist.
„Meine Mama ist weg und
mein Papa auch, und meine
Brüder und Schwestern habe
ich auch schon lange nicht
mehr gesehen."
„Dann bist du ja ganz allein",
sagt Flecki. „Ja", nickt Ricki
traurig. „Ich bin ganz allein."
Eine große Träne läuft ihr
über die Wange.
Ob sie nun für immer
allein bleiben muss?

„Komm einfach mit mir",
sagt Flecki. „Wir werden
schon etwas finden, das
dich wieder fröhlich macht."
Gemeinsam machen sie sich
auf den Weg.
Nach einer Weile begegnen
sie einer Wildschweinfamilie.
„Ja, was ist denn das für ein
trauriges Rehlein?", wundert
sich der Wildschweinpapa und
lächelt Ricki aufmunternd zu.
Flecki erzählt, dass
Ricki nicht zum Lachen
zumute ist.

„Das wollen wir doch einmal sehen", erwidert der Wildschweinpapa. Er nimmt Anlauf und springt mit Schwung mitten hinein in eine große Pfütze. „Erwin!", schimpft die Wildschweinmama, doch die Wildschweinkinder und Flecki kugeln sich vor Lachen. Der Wildschweinpapa im Schlamm sieht einfach zu komisch aus! Nur Ricki guckt weiterhin traurig.

Flecki gibt nicht auf und läuft mit Ricki weiter durch den Wald.
Am Rande der Lichtung lebt Familie Hase. „Warum guckst du denn so traurig?", fragt das kleine Hasenmädchen mitleidig. „Weil ich keine Mama und keinen Papa habe", erzählt Ricki.
„Hm", überlegt das Hasenmädchen und läuft zu seiner Familie. Gemeinsam versuchen die Hasen, Ricki ein wenig aufzumuntern.

Die Hasen bauen eine Pyramide. Zuunterst stehen der Hasenpapa und die Hasenmama. Die großen Kinder klettern auf ihre Schultern, oben stehen die kleinen Hasen. An der Spitze balanciert das Hasenmädchen. Toll! Doch Ricki kann nicht einmal lächeln. Selbst als die ganze Pyramide zu wackeln beginnt und alle Hasen durcheinanderpurzeln, verzieht das Rehkind keine Miene.

„Es war trotzdem eine schöne Vorstellung, danke", sagt Ricki artig und läuft mit Flecki weiter durch den Wald.

Am großen Nussbaum treffen sie Mama Eichhorn. Sie macht gerade Nüsse für den Winter ein. Als sie von Rickis Unglück hört, ruft sie die ganze Familie zusammen. „Kommt einmal her! Es wäre doch gelacht, wenn wir das kleine Rehlein nicht aufmuntern könnten!"

Willi und Knolli Eichhorn
jonglieren mit drei
Nüssen.
Ihre Schwester Biba schlägt
Purzelbäume, und Susi
Eichhorn balanciert geschickt
einen Tannenzapfen auf der
Schwanzspitze.
Der Eichhornvater singt ein
Lied, und Mama klatscht dazu
den Takt. Flecki freut sich
und lacht. Doch Ricki ist
immer noch traurig.
Familie Eichhorn schaut
ratlos drein.

Auch Flecki weiß nun nicht mehr weiter. „Jetzt gehen wir zu meiner Familie. Vielleicht fällt meiner Mutter etwas ein, was dich wieder fröhlich macht." Ricki nickt schweren Herzens, und gemeinsam suchen sie Fleckis Familie. Wieder muss Ricki erzählen, was sie so traurig macht. Dass sie keine Mama und keinen Papa mehr hat und auch keine Geschwister und dass sie ganz allein ist.

„Komm, dann spiel doch einfach mit uns", schlägt Fleckis Mama vor.
Sie spielen Laufen und Fangen und Suchen und Verstecken.
Sie tanzen Ringelreihen und singen ein lustiges Lied.
Sie necken Ricki und versuchen sie zum Lachen zu bringen. Aber Ricki wird nur noch trauriger: „Alle haben eine Familie. Nur ich nicht."

Bald sind alle müde.
Doch Flecki gibt nicht
auf und hat auf einmal
eine Idee.
„Wie wäre es denn, wenn Ricki
einfach bei uns bliebe? Dann
könnten wir immer zusammen
spielen und Ricki wäre nicht
mehr allein."
Fleckis Mama und Papa bera-
ten sich eine Weile, dann
willigen sie ein. Ricki lächelt
ihre neue Familie glück-
lich an. Jetzt ist sie
nicht mehr allein.

Auch Fleckis Geschwister und Oma und Opa finden Fleckis Idee gut. Und Ricki hat endlich wieder eine Mama und einen Papa, Geschwister und sogar Großeltern.
Fröhlich wird sie von allen in der Familie willkommen geheißen. Von jetzt an gehört Ricki dazu.
Sie hat wieder eine Familie und wird nie mehr allein und traurig sein.

Trixi auf dem Bauernhof

„Ieieieiieieh!", wiehert Trixi.
„Ich habe Durst!", soll das
heißen, aber der Mann vorne
im Traktor hört Trixi nicht.
Schon lange ist der Zirkus-
wagen auf der staubigen
Landstraße unterwegs. Wegen
Trixi muss der Mann ganz
langsam fahren. Deshalb
macht er auch keine Pause.
Bis zum Abend muss der
Zirkus im Dorf sein. Dann ist
Vorstellung, und Trixi muss
Kunststückchen
vorführen.

Das geht schon viele Tag so.
Den Sommer über gastiert
der Zirkus jeden Abend in
einem anderen Dorf.
Nur im Winter kann Trixi
gemütlich im Stall stehen.
Doch heute ist ein besonde-
rer Tag.
Denn als der Traktor um die
Kurve fährt, reißt der Strick,
mit dem Trixi hinten am
Zirkuswagen angebunden ist.
Trixi bleibt stehen.

„Ob ich wohl rufen soll?",
fragt sie sich.
Aber sie hat Hunger, und am
Wegesrand wachsen so viele
leckere Gräser ...
Der Zirkuswagen verschwin-
det langsam in der Ferne.
Der Mann auf dem Traktor
merkt nicht, dass sein Pony
nicht mehr da ist.
Trixi beginnt nach Herzens-
lust zu fressen.

227

Hmm! Das Gras schmeckt Trixi gut. Beim Zirkus hat sie nur trockenes Heu und ab und zu ein wenig Hafer bekommen. Zufrieden wirft sie den Kopf in den Nacken. Kein Strick hindert sie mehr daran, spazieren zu gehen und sich die besten Kräuter zu suchen. Als sie genug gefressen hat, möchte sie auch etwas trinken. Aber Wassereimer gibt es in der Natur nicht.

Also läuft Trixi weiter.
Zuerst einmal in die Richtung,
in die der Zirkuswagen ver-
schwunden ist.
Doch dann endet der Weg,
und sie gerät in einen Wald.
Hier ist es kühl.
Die hohen, mächtigen Bäume
spenden Schatten. Doch weit
und breit kein Wasser für
Trixi.
Müde bleibt sie stehen.
Wohin soll sie jetzt gehen?

Da landet auf einmal ein Uhu vor ihr auf einem Ast. „Na, hast du dich verlaufen?", fragt er. Trixi schnaubt erschrocken und tritt einen Schritt zurück. Doch dann wird sie mutig. „Weißt du vielleicht, wo ich Wasser finde?", fragt sie. „Da entlang", entgegnet der Uhu und weist ihr den Weg. „Da ist ein Bauernhof. Dort kriegst du sicher zu trinken." Trixi bedankt sich höflich und läuft schnell weiter.

Nach einer Weile erreicht sie
den Bauernhof.
Auf einer großen Koppel
sieht sie Ponys und sogar
einen Esel.
Die Tiere laufen über die
Weide und fressen das
saftige Gras.
Ab und zu gehen sie gemütlich
zum Wassertrog und löschen
ihren Durst mit frischem
Wasser. Trixi steht am Zaun
und seufzt.

Wie soll sie nur an das Wasser gelangen? Trixi steht auf der falschen Seite des Zaunes. Sehnsüchtig schaut sie zum Wassertrog.

Da kommt ein Pony angetrabt. „Hallo, wer bist du?", fragt es neugierig.

Trixi erzählt vom Zirkus und dass sie großen Durst hat und gerne am Wassertrog trinken möchte.

Da ruft das Pony schnell die anderen Ponys zusammen. Gemeinsam wiehern sie, so laut sie können, und auch der kleine graue Esel schreit ganz laut „I-ah, i-ah, i-ah!" Schließlich kommen die Bauersleute angelaufen. „Was ist denn los?", rufen sie schon von weitem und staunen nicht schlecht, als sie Trixi vor der Koppel stehen sehen.

239

„Was macht das Pony denn hier?", fragen sie sich.
Sie streicheln Trixi, die gar keine Angst hat, und führen sie durch das große Koppeltor auf die Weide.
Trixi hat so großen Durst, dass sie blitzschnell zum Wassertrog läuft und erst einmal ganz viel Wasser trinkt.
Dann hebt sie den Kopf und wiehert vor Freude.
Die Bauersleute freuen sich auch.

240

Inzwischen ist es Abend
geworden, und Trixi geht mit
den Ponys und dem Esel
schlafen.
Gemütlich kuschelt sie sich in
das warme, trockene Stroh.
Am liebsten würde sie für
immer hier bleiben.
In der Nacht träumt sie
vom Zirkus. Leise seufzt sie
im Schlaf. Als sie aufwacht,
merkt sie, dass sie nur
geträumt hat. Da ist
sie froh.

Am nächsten Morgen kommen
die Bauersleute in den Stall.
Trixi schaut ihnen ängstlich
entgegen.
Ob sie sie wohl wieder
wegschicken? Ob sie wohl
wieder zum Zirkus muss?
Doch die Bauersleute möch-
ten Trixi behalten – wenn sie
sich nur mit den anderen
Tieren verträgt. Am Sonntag
kommen Kinder zum Reiten.
Da kann Trixi helfen.

Neugierig läuft Trixi über den Bauernhof. Was sind denn das für merkwürdige Tiere? Ziegen kennt sie bereits aus dem Zirkus. Aber diese da in den wolligen Kleidern?
„Das sind Schafe", erklärt Ferdi, eines der Ponys von der Koppel. Trixi schaut den Schafen eine Weile beim Fressen zu. Dann dreht sie sich um – und erschrickt. Was ist denn das? „Ein Pfau", erklärt Ferdi.

Auf der Koppel trifft sie die
anderen Ponys. Sie sind jetzt
schon ihre Freunde geworden.
Gemeinsam fressen und
spielen sie den ganzen Tag.
Am Sonntag kommen Kinder
zum Reiten. Das macht Trixi
Spaß. Sie kann sogar kleine
Kunststücke vorführen.
Die hat sie im Zirkus gelernt.
Am Abend ist Trixi müde
und froh.

Wie heißen die Tierkinder?

Trixi

Bruno

Lilo

Ricki

Trolli

Moritz

Max

Joschi

Tinka

Alexa

Flori